SYNOPIA
le laboratoire des gouvernances

DU « NOUVEAU MONDE » AU « MONDE D'APRÈS » ?

Quelle place pour l'Homme ? Comment (mieux) gouverner ?

Numéro 1 – Automne 2020

Avec la contribution exceptionnelle
de Patrick Bernasconi,
président du Conseil économique,
social et environnemental

éditions
TÉLÉMAQUE

Contributeurs : Xavier d'Audregnies, Christine Bardinet, Patrick Bernasconi, Michel Derdevet, Général (2S) Vincent Desportes, Jean-François Di Meglio, Amiral (2S) François Dupont, Xavier Dupont, Laurent Falque, Jérôme Ferrier, Damien Gallet, François Georges, Geneviève Goëtzinger, Benjamin Grange, Christophe Harrigan, Jacky Isabello, Alain Juillet, Christine Kerdellant, Romain Labiaule, Didier Le Bret, Beatriz de Leon Cobo, Alexandre Malafaye, Jean-Claude Mailly, Père Xavier Manzano, Xavier Marchal, Cassandre Mariton-Ségard, Patrice Molle, Olivier Pagezy, Julie de Pimodan, Florence Provendier, Christian Pousset, Général (2S) Bertrand Ract-Madoux, Widiane Richard, Laura Schaub, Joséphine Staron, Christine et Patrice Van Ackere.

Partenaires : Dentsu Aegis, ICAM et Chaire « Sens et travail », La Mutuelle générale.

SOMMAIRE

Chapitre 2

Chapitre 3

ÉDITO

par Alexandre Malafaye, Jean-Claude Mailly et Joséphine Staron

Chaque époque, chaque génération partage un point commun : celui d'une lutte à mort entre les partisans d'un monde nouveau, un monde de tous les possibles, porteur d'espoirs et d'enthousiasme ; et les partisans d'un monde jugé peut-être dépassé, périmé, obsolète, mais auquel ils tiennent et dont ils défendent l'intemporalité des principes, des valeurs, des traditions.

Le XVIIe siècle a connu la très célèbre querelle des Anciens et des Modernes qui agita les sphères littéraires et philosophiques. Deux siècles plus tard, avec Benjamin Constant, c'est le principe de « liberté des modernes » (prémices des libertés individuelles) qui est brandi contre celui de « liberté des anciens » – philosophiquement incompatibles.

Le XXe siècle n'a pas non plus échappé à cette opposition des « mondes » : les deux guerres mondiales puis la guerre froide n'ont eu de cesse de redessiner les frontières entre l'Ancien et le Nouveau monde, le Légitime et l'Illégitime, le Juste et l'Injuste.

Si chaque siècle a sa propre lutte des « mondes », une même idée l'anime : celle que le « monde d'après » ou le « nouveau monde » sera celui d'une émancipation des hommes, d'un meilleur partage du pouvoir, des richesses, des places dans la hiérarchie sociale. En définitive, mieux gouverner, ou être mieux gouverné, passerait nécessairement par la répudiation du passé au profit d'un présent et d'un avenir jugés plus vertueux.

Notre époque ne fait pas exception à la règle. La campagne présidentielle de 2017 a même fait de l'opposition des « mondes » son leitmotiv : la République En Marche voulait incarner et accélérer le passage au « nouveau monde » – la vague de dégagisme politique qui a suivi l'élection d'Emmanuel Macron s'est inscrite dans cette volonté de transition vers une nouvelle gouvernance de la Cité, de nouveaux principes, de nouvelles règles.

Mais à peine trois ans plus tard, avec l'expérience du pouvoir et les déceptions, le choc de la crise sanitaire engendrée par la propagation fulgurante du virus Covid-19 a rebattu les cartes de la lutte des « mondes ». De manière quasi instantanée, l'espoir du « nouveau monde » a laissé place à celui du « monde d'après ». Suite à la déflagration provoquée par le virus et les mesures sanitaires imposées par les États, l'avènement du « monde d'après » s'est très vite imposé comme une nécessité, aussi bien politique, économique, sociale et environnementale, que psychologique et émotionnelle. Cette fois-ci, ce n'est pas tant l'espoir qui anime le besoin d'un « autre monde », que, surtout la peur et l'incertitude.

Motivé par des émotions négatives et pensé dans l'urgence et la précipitation, le risque est grand de voir advenir un « monde d'après » pire – ou, du moins, pas forcément meilleur – que le « monde d'avant ». La conviction que nous partageons chez Synopia est que la construction de notre avenir (peu importe sa dénomination) ne peut se passer d'une réflexion approfondie et collective, à la fois sur la place de l'Homme dans la Cité (sur les plans national, européen et mondial) et sur les méthodes pour mieux gouverner nos démocraties et leur permettre de répondre aux nombreux défis du siècle.

Le premier numéro de la revue *Synopia* comprend une série d'articles écrits par nos membres et nos partenaires pendant la période du confinement puis celle du déconfinement. Il s'organise autour de trois thèmes principaux: la gouvernance en temps de crise (chapitre 1), la gouvernance publique, celle de la Cité, en France et en Europe (chapitre 2), et la gouvernance privée, celle des entreprises (chapitre 3).

« Nous trouverons un chemin, ou nous en créerons un ! »

- Hannibal

CHAPITRE 1

GOUVERNER EN TEMPS DE CRISE

Gouverner en temps de crise…

- ***en France***
- ***en Europe et dans le monde***

LA FIN D'UN MONDE, OU LE DÉBUT D'UN AUTRE

par Alexandre Malafaye | **25 mars 2020**

La France est confinée depuis une semaine.
Le brouillard est total…
Synopia décide alors de lancer son Journal du confinement et cet article est le premier d'une série de 27 numéros.

En France, la crise sanitaire liée au Covid-19 a commencé début mars, avec les premiers décès, et voilà une semaine que nous sommes confinés et sidérés, contraints d'observer la mise à l'arrêt de notre monde.

Une semaine déjà. Soudain, tout s'est figé et le temps est devenu étrangement long, pesant, angoissant. Dans ce contexte inédit, nous voyons surgir d'un coup les multiples visages de l'incertitude, tels les fantômes de nos pires cauchemars.

Bien sûr, la mise en place de cette extraordinaire quarantaine nous donne l'occasion de commencer à observer la trajectoire du véhicule fou lancé à pleine vitesse qui a percuté un ennemi invisible de plein fouet. Un choc inouï. Il n'y a même pas de traces de frein. Pour l'instant, les tonneaux se poursuivent et il faudra beaucoup de temps pour établir la liste des victimes, directes et indirectes. Pour autant, nous pouvons déjà nous interroger : comment, en dépit de nos moyens et de l'expérience, ne nous sommes-nous pas préparés à éviter pareil accident ?

Sans doute par légèreté. Par inconscience. Par manque de courage. Par cupidité. Ou par bêtise. Sans doute un peu de tout ça à la fois. Et parce que notre modèle n'a cessé de reposer sur la fuite en avant et la spéculation, sans jamais chercher à se remettre en question.

Ainsi, ces dernières années, beaucoup nous ont parlé d'un « nouveau monde » dont nous pouvions tout attendre, tout espérer. Avec l'expérience, nous avons fini par prendre conscience qu'il s'agissait davantage d'une construction intellectuelle, d'un concept, que d'une nouvelle réalité.

Eh bien, cette fois, le nouveau monde s'annonce. À quoi va-t-il ressembler ? Très difficile à prédire, mais, à n'en pas douter, il sera différent du précédent. Car cette crise sanitaire, économique et sociale est d'une portée inédite. Elle laissera des traces gigantesques, et ses multiples conséquences vont se charger de transformer notre « vieux monde ».

Il faudra alors tenter de conduire les changements, tant bien que mal. Sans les subir.

Même si nous pouvons fonder de vrais espoirs sur un possible sursaut intelligent de l'humanité, ce n'est pas chose gagnée.

En effet, les pièges qui nous attendent sur cette route inconnue sont innombrables.

À court terme, d'abord, tant que la crise sanitaire durera et que nous serons confinés. Pendant cette période, où chaque jour constitue un défi, de nombreuses « surprises stratégiques » peuvent surgir, mettre à mal la résilience de la Nation et nous précipiter à la lisière du chaos. Crise financière qui viendrait s'ajouter aux autres, flambée dans nos banlieues ou nos prisons, retrait massif de certaines corporations, etc.

Cependant, le scénario du pire reste assez peu probable, et il y a une vraie chance pour que le véhicule termine sa course très cabossé certes, mais sur ses roues.

Viendra alors le temps de la réparation et du redémarrage, temps intermédiaire, qui constituera une période charnière, mais à très haut risque.

Charnière, car ce temps sera celui qui permettra de tirer les leçons de second grand avertissement que nous adresse la planète. Le premier étant lié à la brutalité du changement climatique qui éprouve déjà tant de pays et de populations.

À très haut risque car la casse économique et sociale va accentuer encore les fractures au sein de nos sociétés. Les mécontentements pourraient bien dépasser en intensité ceux que nous avons connus lors de la crise des « Gilets jaunes ». Si la peur de la mort peut favoriser le civisme et l'acceptation d'une certaine restriction de nos libertés, la cohésion de « guerre sanitaire » ne durera qu'un temps, n'en doutons pas, et il n'est pas impossible que nous débouchions sur une crise démocratique et institutionnelle majeure.

Et puis il y a l'immense territoire des polémiques et des règlements de comptes liés à la gestion de cette crise sanitaire, véritable champ de mines que nous ne pourrons sans doute pas contourner. Responsabilités des autorités politiques et médicales, manque d'anticipation par rapport au scénario italien, pénurie des masques, généralisation tardive de l'usage de la chloroquine, etc. Le mélange de la fatalité avec l'incompétence et l'arrogance constitue un cocktail explosif.

À cela s'ajoutent de sérieux écueils. D'un côté, nos marges de manœuvre pour agir vraiment, en particulier le poids de la dette qui ramènera les rêveurs sur terre, et les nouveaux déséquilibres géopolitiques, en faveur de l'Asie notamment. De l'autre, la capacité (et la motivation) des tenants du système à organiser une véritable et sincère révolution pacifique (s'ils ne sont pas renversés entre-temps). Sans parler des profiteurs et des opportunistes qui vont tenter d'augmenter encore leur part du gâteau.

Il reste les raisons d'espérer, et les motivations qui permettront de leur donner corps. La pression des jeunes générations devrait là jouer un grand rôle. Que ce soit sur le climat ou leur façon d'aborder leur carrière, elles ont montré leur capacité à refuser les compromissions et les renoncements des générations précédentes. Même si, le moment venu, l'urgence de relancer le moteur et notre propension à l'individualisme prendront le pas sur bien des considérations, les jeunes générations ne laisseront personne transiger sur la santé, et elles ne seront pas seules.

Ainsi, nous prenons conscience, un peu tard, qu'il était funeste de ne pas placer l'Homme au centre de nos priorités. La crise sanitaire nous ouvre les yeux sur la multitude des petits et des humbles, sans qui rien ne tourne, et dont nous dépendons tous, en permanence. La Nation repose sur eux. La chanson de Jean-Jacques Goldman leur rend d'ailleurs un bouleversant hommage (« ils sauvent des vies »). Ses paroles rappellent l'extrême importance de la fraternité et de la bienveillance désintéressée.

Dans ce prolongement, des voix évoquent l'idée d'un nouveau contrat social, qui intégrerait le retour de l'expérience en cours, qui redéfinirait les missions du service public et favoriserait l'avènement progressif d'un système marchand fondé sur un partage de la valeur plus équitable entre l'ensemble des parties prenantes.

D'autres esquissent des plans dont l'ambition serait de limiter notre dépendance stratégique et de tracer des circuits de marchandises à la fois plus courts et plus économes en carbone.

Certains imaginent de nouvelles formes de régulations et de solidarité à l'échelle de l'Union européenne et de la planète, avec une refonte des principaux instruments de gouvernance.

Si nous parvenons à franchir sans trop d'encombres ces deux périodes que l'image du « salaire de la peur » décrit bien, et que nous réussissons à intégrer dans l'équation du futur les gènes d'une véritable inflexion de la trajectoire actuelle, alors s'ouvrira une nouvelle ère pour nous et nos enfants. Et – pourquoi pas ? – l'amorce d'une autre forme de civilisation, plus généreuse et responsable, fondée sur le respect et l'amour de son prochain. Il est permis d'y croire et d'y œuvrer.

Hannibal disait : « Nous trouverons un chemin, ou nous en créerons un. » Voilà qui est plus que jamais nécessaire.

CORONAVIRUS : EN PREMIER, NE PAS NUIRE

par Didier Le Bret | **31 mars 2020**

Alors que la France est confinée depuis deux semaines, déjà la confrontation entre les experts et les politiques se fait jour, avec un risque évident de dérive vers la République des « sachants ». Cet article a aussi fait l'objet d'une publication dans* Sud Ouest*, le 30 mars 2020.

Le Président Macron a affirmé avec force qu'il ne laisserait pas s'installer la République des experts. Ce rappel du primat du politique intervient au moment où le doute s'installe sur le bien-fondé de l'approche suivie jusque-là.

Quelles que soient leurs dénominations (scientifiques, experts – ou « sachants »), leur consultation avant toute décision politique est de droit : elle constitue le socle même de l'action publique, sa rationalité.

Au moment de déclencher une intervention armée, le chef de l'État interroge ses experts militaires, qui, en fonction de la question posée (comment prévenir un génocide, comment arrêter une opération de déstabilisation régionale, comment secourir des populations en danger, comment répondre à une agression sur notre sol ?), présentent des options. Il sonde également les diplomates, experts des relations internationales, pour mesurer, le cas échéant, les conséquences des décisions qui seront prises. En bout de chaîne, le Président arbitre et décide (ou pas) d'intervenir. Il en informe le Parlement et la nation.

Dans le cas d'une crise sanitaire, le mécanisme est le même. La consultation des experts est également incontournable, qu'ils soient dans l'institution (le ministère de la Santé) ou réunis sur une base *ad hoc* (la fameuse commission scientifique des « Onze »). Une différence toutefois : là où la Constitution fait du Président le chef des Armées et de la diplomatie, le savoir médical reste, lui, dans les mains des scientifiques et des médecins. Le politique peut faire la guerre ou signer des traités, il n'est pas habilité à soigner. Le pouvoir des « sachants » paraît d'emblée mordre sur celui des politiques. C'est donc en position d'« infériorité » que le politique aborde les crises sanitaires. Et la soumission trop exclusive aux points de vue des experts n'est pas sans risque.

Dans son intervention solennelle du 16 mars, le Président Macron l'a rappelé sans détours : toutes les décisions prises l'ont été « avec ordre, préparation, sur la base de recommandations scientifiques avec un seul objectif : nous protéger face à la propagation du virus ». Et, pour faire rempart au virus, la priorité des priorités, telle que définie par les scientifiques, a été de « réduire la pression sur les services de réanimation ».

C'est bien sur cette base, qui pose à la fois un objectif et une méthodologie, que toute la stratégie a été arrêtée : fermeture des frontières, confinement, mise à l'arrêt du pays et maintien exclusif des activités ayant un lien direct avec le traitement des personnes infectées. Faisant écho aux légitimes préoccupations et appels à l'aide des personnels de santé, mobilisés sans relâche, les médias et les réseaux sociaux les ont puissamment relayés, pour que ne cède la « ligne de front », dont tout dépendrait. Au fil des jours, on assistait logiquement à une surenchère de mesures.

Il est trop tôt pour évaluer le bien-fondé de cette stratégie. Mais, d'ores et déjà, on commence à entrevoir les conséquences d'une approche ne reposant que sur un nombre trop limité de paramètres.

Contrairement à d'autres, à commencer par notre plus proche voisin, l'Allemagne, nous avons fait le choix de mettre sous le boisseau toute activité non essentielle. Comment juger, en gestion de crise complexe, ce qui est essentiel et ce qui ne l'est pas ? A-t-on l'assurance que la paralysie logistique et l'arrêt de la production industrielle ne finiront pas par miner l'objectif sanitaire assigné ? Va-t-on découvrir, lorsqu'il sera trop tard, qu'il faut des blanchisseries ouvertes pour laver les draps des hôpitaux, qu'il faut de la maintenance et des pièces de rechange pour le matériel agricole, condition *sine qua non* aux récoltes de demain, que la fermeture des frontières, après avoir protégé, va se retourner contre les pays les plus dépendants ou les plus enclavés ? Comment être certain, après avoir grand ouvert les robinets de la dépense publique, que les marchés et les agences de notation suivront, et que les États ne se retrouveront pas en situation de défaut de paiement, entraînant dans leurs sillons la faillite des banques, et partant, la ruine des épargnants et des ménages ?

Anticipant sans doute cette critique et ce risque, le chef de l'État avait annoncé, toujours dans son intervention du 16 mars, que, s'il demandait « des sacrifices pour ralentir l'épidémie [...], jamais ils ne doivent mettre en cause l'aide aux plus fragiles, la pérennité d'une entreprise, les moyens de subsistance des salariés comme des indépendants ». Il rappelait là précisément le primat du politique, c'est-à-dire la recherche toujours du meilleur arbitrage possible dans l'intérêt général, n'en déplaise aux experts.

Or, en dépit de l'énormité de la panoplie des moyens déployés, dans une France désormais en état de coma avancé, rien ne semble pouvoir contenir la récession annoncée et son cortège de funestes conséquences pour l'emploi et le pouvoir d'achat des Français – et, au-delà, la stabilité de nos sociétés.

On risque par conséquent d'assister à un retournement de situation où les sacrifices demandés auront peut-être permis de contenir une épidémie, dont le nombre de victimes vient tout juste de dépasser les 20 000 morts dans le monde (à rapprocher des 8 000 morts de la grippe saisonnière pour la seule France), mais ils auront engendré un chaos dont nul ne sait dans quel état les plus fragiles sortiront.

Cette réalité est bien connue des médecins, elle est même l'un des principes cardinaux de toute action visant à prendre soin : *Primum non nocere* (« en premier lieu, ne pas nuire »). Dans la langue des médecins, cela implique de prendre garde aux effets secondaires et d'éviter que le patient ne meure guéri.

Appliqué à l'action politique, ce principe doit servir de boussole : il permet de garder en ligne de mire l'intérêt général et d'éviter de rater sa cible. Les humanitaires le savent également, et depuis longtemps, tant les abus ont été nombreux et patents. Ne pas nuire, c'est donc s'efforcer de limiter les effets de bord des interventions massives et disproportionnées (le déferlement d'ONG en Haïti en 2010 en fut un bon exemple). C'est s'appliquer à limiter, contre la dictature des passions, les « externalités négatives ». C'est réduire autant que faire se peut le piège de toute aide qui, lorsqu'elle est disproportionnée et s'éternise, se retourne inexorablement contre le patient – ou, pour reprendre la langue des humanitaires, contre les « récipiendaires ».

Au fond, ce que les historiens retiendront peut-être de cette crise sans précédent, c'est qu'en cédant à l'émotion, qui est malheureusement souvent l'autre nom pour la panique, en indexant leur stratégie sur un nombre trop limité de paramètres, enfin, en appliquant pour la première fois à une échelle globale le principe de précaution poussé jusqu'à l'absurde, nos dirigeants auront finalement précipité sans le vouloir les changements tant attendus : la mise à bas d'un système. Avec pour corollaire un grand saut dans l'inconnu.

COVID-19 : LE VIRUS DE LA COHÉSION

par Alexandre Malafaye, Patrice Molle, Didier le Bret, Général (2S) Bertrand Ract-Madoux, Jean-Claude Mailly, Benjamin Grange, Christine Bardinet, Geneviève Goëtzinger, Julie de Pimodan, Joséphine Staron | **7 avril 2020**

Trois semaines après le début du confinement, Synopia dessine les premiers contours d'un possible « monde d'après ». Ou comment tenter de transformer cette crise en opportunité ?
Cet article a aussi fait l'objet d'une publication dans* L'Opinion *le 5 avril 2020.

Dans le brouillard de la crise, et face à ce niveau d'incertitudes inédit, les points de repère sont rares, de même que les raisons qui poussent à l'optimisme. Désorientés, nous cherchons tous l'étoile du Berger qui nous guidera. Pourtant, la crise est là, il faut faire avec et tenter d'avancer. Dans ce contexte terriblement anxiogène, une réalité éclate au grand jour lorsque nous regardions en arrière : nous ne trouvions plus aucun sens à rien et, il faut bien l'admettre, tout partait à vau-l'eau. Nous étions tous critiques envers les dérives et les abus du système, bien souvent à raison (croissance des inégalités, fuite en avant, climat, pollutions, épuisement des ressources, règne du dieu Argent et financiarisation de l'économie, impuissance des gouvernances européenne et mondiale, triomphe de la médiocrité et de la bien-pensance, corruption active ou passive des élites dirigeantes, hypertrophie du « je » et narcissisme numérique, etc.). Mais, dans le même temps, nous ne percevions plus la moindre qualité d'un « vieux monde » pourtant libre, démocratique, pacifié, structuré et organisé, redistributeur, pétri de culture et riche de son histoire.

Trouver du sens était devenu interdit.

Cette fois, nous avons l'occasion, individuellement et collectivement, avec les jeunes générations qui n'aspirent qu'à cela, de redonner du sens au sens. Nous pouvons même en faire une grande cause, voire un combat!

Ce manque de sens sapait nos capacités à faire Nation, à vivre ensemble et à travailler ensemble; il érodait la cohésion du pays, et du Continent européen, à tous les niveaux. Dans les cités, les rues et les quartiers, sur les routes, dans les campagnes, dans le monde du travail, et même dans les écoles. La crise, avec cette proximité soudaine de la mort, nous rend résilients, solidaires, responsables et attentifs les uns envers les autres. C'est, pardon de le dire ainsi, une bonne nouvelle. Mais gare à ne pas faire de cette espérance une illusion de crise! Nous serions alors tous responsables et coupables. Car une planète surpeuplée, au climat déréglé et sans gouvernance efficace ne manquera pas de nous réserver d'autres mauvaises surprises stratégiques à court terme.

Par ailleurs, si nous voulons préserver ce qui restera de cohésion après la crise, nous devrons vite inventer de nouvelles formes de solidarité. En effet, il y aura beaucoup de Français sur le bord du chemin, des salariés sans travail et des entrepreneurs ruinés. Pour eux, il faudra imaginer autre chose que la soupe populaire. Sans quoi, le sursaut des «Gilets jaunes» et de tous les laissés-pour-compte du Covid-19 sera difficile à contenir.

Dès lors, chaque citoyen sans distinction devra faire face à ses responsabilités, les empoigner avec fermeté et les assumer dans la durée.

D'abord au niveau de chaque citoyen, où qu'il soit et quoi qu'il fasse. Pour retrouver ce qui nous fait tant défaut. Du civisme, la portée du mot «fraternité», l'empathie, l'esprit d'équipe ou de corps, la confiance. Seul, nous ne sommes rien. Et si nous agissons en solitaire, nous ne valons rien.

Un autre prérequis conditionnera notre capacité à dépasser les immenses difficultés que la France devra affronter: ne pas tout attendre de l'État, et donc prendre autant que possible notre destin en main. Car l'État et les décideurs politiques ne feront pas tout. Cette crise aura au moins permis de révéler leurs limites, leurs défauts et de démontrer la nécessité de refondre cette gouvernance centrale et verticale. Dès lors, chacun doit se préparer à faire partie de «l'armée de la reconstruction».

Il nous appartiendra aussi de faire preuve de patience, aucun monde ne s'étant fait en un jour. Ici, le défi est majeur. En effet, la crise risque de creuser encore les inégalités, entre ceux qui ont un emploi dans le privé et ceux qui servent dans le public, ceux qui seront davantage à l'abri dans un grand groupe que ceux travaillant dans une PME étrillée par l'absence prolongée d'activité ou les indépendants, ceux des villes et ceux des champs. La vraie menace, ici, est que le phénomène d'«archipélisation» de la France, si bien décrit par Jérôme Fourquet, s'accentue encore. Dès lors, comment faire que chacun accepte son sort et donne «du temps au temps»? La réponse nous appartient tous.

En parallèle, les attentes et les besoins qu'exprimera la multitude de nos concitoyens ébranlés vont induire le changement, voire le forcer. Ce qui aura de multiples conséquences sur les entreprises et le marché. Cette fois, les concepts tels que la «RSE» ou la «raison d'être» ne pourront se contenter de rester au niveau des bonnes intentions, ou du marketing interne et externe. Pour les collaborateurs, le «sens au travail» va devenir une vraie boussole, avec des principes qui devront se décliner au quotidien: respect, dialogue, autonomie, reconnaissance.

Et, pour les citoyens-consommateurs, la sincérité des entreprises deviendra un facteur de «sélection naturelle». Par exemple, il leur faudra démontrer qu'elles s'engagent vraiment en faveur d'un partage de la valeur plus équitable vis-à-vis de l'ensemble de leurs parties prenantes. Nous faisons le pari que seules les plus éthiques survivront. Elles auront aussi à intégrer les préoccupations renforcées de chacun pour un meilleur respect de la planète et de la biodiversité (faire preuve de sobriété, lutter contre la malbouffe, etc.). En résumé, c'est une «nouvelle économie» qui devra naître des cendres d'un capitalisme à bout de souffle et qui devra être conçue comme un partenariat avec la société et adossée à une vraie culture du dialogue et de la codécision avec les corps intermédiaires.

Enfin, l'État et les décideurs politiques, qui seront confrontés à un niveau de défiance majeur, auront deux séquences de priorités à définir et à annoncer clairement, en prenant la peine, s'ils veulent être audibles, de dépouiller leur parole de ses oripeaux. Les mantras du type «Nous devons rester unis» ne serviront à rien. Ce sont des actes qu'il faut! Les Français ne se contenteront pas de belles formules et de longs discours.

À court terme, d'abord. L'urgence consistera à traiter les innombrables problématiques de sortie de crise, sans parler de la difficulté à organiser un déconfinement réussi.

Quelques exemples: l'impact humain et psychologique d'une telle crise sanitaire et la prise en compte de l'anxiété qu'elle a générée (peur de la mort, peine, enfermement collectif), les tensions sociales qui en naîtront (sur fond d'injustices) associées aux pertes de revenu, le déploiement du soutien aux entreprises sans pour autant «couler» l'État, la reprise d'une vie démocratique «normale».

À plus long terme, la mission qui reposera sur les épaules des décideurs publics sera pharaonique. Il leur faudra, pêle-mêle:

- Redéfinir le rôle et les missions de l'État et de ses serviteurs, en s'appuyant sur la subsidiarité et la déconcentration. Sur le plan institutionnel, il conviendra d'instituer enfin de vrais contre-pouvoirs. Pour être réussi, un tel exercice nécessitera d'effectuer un retour d'expérience complet de la crise du coronavirus. Comment et pourquoi n'avons-nous pas pu ou pas voulu l'anticiper ? Comment n'avons-nous pas pu, *a minima*, mieux y faire face ?

- Fixer les grandes priorités permettant de réduire nos dépendances stratégiques (relocalisations, réindustrialisation de nos territoires).
- Mobiliser les moyens nécessaires pour qu'une telle pandémie, ou une autre crise majeure, ne nous mette pas une fois encore KO debout, et nous organiser en conséquence (en particulier sur le plan sanitaire).
- Repenser le cadre général du marché du travail et le financement des solidarités associées (formation, chômage, santé, retraites, dépendance). C'est un nouveau contrat social qu'il faudra rédiger (de type CNR).
- Réinventer les méthodes de fabrication de décisions collectives acceptées.
- Redonner aux corps intermédiaires une place centrale pour les associer à ces grands chantiers.
- Imaginer un plan (idéalement européen) de refinancement d'urgence, permettant de relancer et soutenir durablement l'économie et l'emploi, et d'éviter de creuser encore l'écart entre grands groupes, PME et travailleurs indépendants, plan qui ne repose pas sur le seul impôt et ses nombreux travers.
- Contribuer, avec nos partenaires européens, à dessiner une nouvelle Union.
- Défendre la France, ses intérêts et ses positions sur la scène internationale, dans un contexte où elle sera plus affaiblie encore. Dans l'après-crise, personne ne fera de cadeau à personne, et les rapports de force resteront le principal levier de discussion et de négociation.

Nous le voyons bien, de la cohérence et de la profondeur de ces chantiers dépend la cohésion de la France de demain, au travers de la mobilisation de chacun. Lorsque la crise sanitaire sera terminée, ceux qui ont la Nation en charge sentiront alors le poids écrasant du fardeau sur leurs épaules. À eux de choisir de le partager, ou de crouler sous la tâche et d'être balayés par le vent de l'Histoire. Qu'ils ne s'y trompent pas : se remettre en question et changer les méthodes de gouvernance constitueront l'acte 1 de la reconstruction de notre pays. Car le premier pas devra être celui qui restaure de la confiance.

CONFINEMENT LONG, RÉCESSION LONGUE

par Alexandre Malafaye, Jean-Claude Mailly,
Général (2S) Bertrand Ract-Madoux | **15 avril 2020**

Un mois déjà. Il ne fait plus de doute que la France va entrer en récession. Sortir le plus rapidement possible du confinement s'impose comme une nécessité. Seule question : comment ? Cet article a aussi fait l'objet d'une publication dans* L'Opinion *le 10 avril 2020.

La crise du Covid-19 nous impose d'affronter le réel et assumer au mieux la gestion des risques, en l'occurrence le risque sanitaire et le risque économique et social.

Bien sûr, la priorité absolue reste sanitaire : nous devons éradiquer cette saleté de virus. Nous le devons notamment à tous nos anciens qui paient un très lourd tribut, et à tous les soignants qui s'exposent au-delà du raisonnable. Vu la situation actuelle, le confinement ne se discute pas, et les pays qui s'y refusaient finissent par l'instaurer. Mais, dans le même temps, si la France souhaite éviter d'entrer dans une décennie maudite, nous devons sans perdre de temps relancer l'activité économique partout où cela devient possible, en maîtrisant au maximum les risques.

D'aucuns disent qu'il faudra « profiter » des circonstances pour amorcer une vraie transformation du capitalisme néolibéral. Objectif noble et nécessaire qui passera au minimum et obligatoirement par une réforme profonde de l'Europe dans ses objectifs et modes de décision. En attendant, il faut gérer l'urgence, se donner des marges de manœuvre budgétaires pour agir et ne pas dépendre intégralement de nos créanciers et de la Chine. En particulier, il faudra encore mobiliser des sommes considérables, sans alourdir les impôts, afin d'inventer de nouvelles formes de solidarité, car, pendant des années, il risque de ne pas y avoir assez d'activité économique pour redonner du travail à tous ceux que la catastrophe pandémique aura mis sur le carreau.

À ce stade, le plan de sortie comporte de nombreuses inconnues. D'où la difficulté à l'élaborer.

Par-delà les pistes déjà sur la table (géographie, âge), les garde-fous sanitaires (masques, gel, tests) et les outils (recours à l'IA, *tracking*), Jean Castex, le « déconfineur en chef », doit élaborer les meilleures réponses aux questions essentielles pour le redémarrage de l'économie: **qui déconfiner, pour faire quoi, quand et comment ?**

Devant lui, trois scénarios de déconfinement se présentent :

- Le scénario « longue nuit », celui de la pénurie, de la gestion à l'aveugle et d'une récession longue. Ici, la France ne dispose pas des équipements de protection en nombre suffisant, ni de la capacité à tester à grande échelle. Le retour à la « normale » se fera donc à tâtons, avec une capacité à se projeter de trois semaines, et se prolongera pendant des mois.
- Le scénario « entre chien et loup ». Dans ce cas, à condition de respecter les principes démocratiques rappelés notamment par la CNIL, nous *trackons* à grande échelle et, surtout, nous disposons d'assez de masques, de gants, de gel et de tests de dépistage rapide pour les soignants, les commerçants, les salariés, les fonctionnaires, etc. De son côté, la population s'organise comme elle peut pour porter des masques (« maison » ou fournis par les villes) dès lors qu'elle fréquente des commerces ou emprunte les transports en commun. Cette configuration devrait permettre une prise de risque plus importante et, ainsi, réduire la durée globale de la période de déconfinement.
- Enfin, le scénario « plein jour ». L'optimal, celui qui permet de voir loin et d'aller vite. Il reprend les hypothèses « entre chien et loup » mais se voit complété par l'existence de tests sérologiques à grande échelle et par la mise à disposition, auprès de la médecine de ville, d'un traitement qui empêche que la maladie ne dégénère. Rappelons les chiffres officiels : 80 % des cas guérissent sans rien faire, nous dit-on ; 20 % connaissent une évolution sérieuse dont 5 % qui terminent en réanimation. À ce jour, 30 000 personnes ont été hospitalisées en raison d'une infection Covid-19 et plus de 10 000 en sont décédées, saturant déjà nos urgences et nos services réanimation, et épuisant les personnels soignants.

Pour résumer, si la panoplie du déconfinement est complète, le scénario plein jour peut s'appliquer. La très grande majorité des Français pourraient alors se remettre au travail d'ici deux mois, en continuant de respecter les règles barrières. Voilà pourquoi nous devons vraiment savoir si la chloroquine, ou toute autre substance, est un médicament utile pour bloquer le développement de la charge virale dès l'apparition des premiers symptômes.

Quant au vaccin, mieux vaut ne pas l'intégrer tout de suite dans les modèles, il ne se sera sans doute pas disponible avant douze mois.

Dans tous les cas, pour réussir au mieux, les plans de sortie devraient s'appuyer sur plusieurs principes qui permettront de combiner sécurité sanitaire et vitesse d'exécution.

1. Définir une stratégie claire et lisible par tous. C'est le rôle de l'État. En effet, que l'on soit citoyen, parent, collaborateur, enseignant, juge, dirigeant ou investisseur, rien n'est plus terrible et démobilisateur que de ne pas savoir où l'on va et comment on y va.
Cette stratégie devra distinguer le cas des entreprises qui sont en contact avec du public, ce qui accroît le risque sanitaire, et les autres (services, B to B) dont l'activité peut se poursuivre un temps en combinant dans de bonnes conditions reprise sur site et télétravail. Les critères de taille méritent eux aussi d'être intégrés dans l'équation car les problématiques ne sont pas les mêmes selon que 10 ou 10 000 personnes travaillent ensemble. Une attention particulière doit être accordée aux TPE-PME dont beaucoup avaient déjà une trésorerie très tendue avant la crise.

2. Déconcentrer le pouvoir d'application. Cette fois, l'exécutif doit aménager son tropisme centralisateur et confier le soin du détail de la mise en œuvre au niveau le plus pertinent (principe de subsidiarité) des règles qu'il a édictées. Par exemple, les maires devraient être autorisés seuls à rouvrir les marchés (y compris avec les fleuristes) selon un cahier des charges strict. Aux préfets et aux forces de police d'effectuer les contrôles nécessaires. Car, enfin, il paraît moins dangereux de faire ses courses en plein air que dans un supermarché fermé. Ainsi, beaucoup de commerces et d'activités utiles aux populations verraient ainsi leur réouverture rapide (les opticiens, les kinés, les librairies, les notaires, les cabinets d'avocats, etc.).
Car une entreprise qui redémarre, c'est une entreprise de moins à la charge de la collectivité. Par ailleurs, un certain nombre de secteurs d'activité (agriculture, horticulture, etc.) vont être sinistrés pendant de longues années si l'activité ne redémarre pas rapidement, même lentement.

3. Faire confiance au dialogue social. En particulier, les branches professionnelles doivent négocier des accords sur les conditions de maintien ou de reprise de l'activité, accords qui s'appliqueront de fait en l'absence d'accord d'entreprise.

4. Sécuriser le risque juridique qui pèse sur les entreprises et leurs dirigeants vis-à-vis de leurs obligations en matière de prévention des risques au travail. En matière pandémique, de surcroît avec un virus dont on ne sait presque rien, l'obligation de moyens renforcés doit être la règle, pas celle de résultat. Il paraît nécessaire de juguler la possible recrudescence de recours contentieux. Par ailleurs, chacun doit accepter d'être un acteur responsable de sa protection et de celle des autres. Au plus près du terrain, dans les entreprises, les organisations syndicales ont là aussi un grand rôle à jouer, pour aider à adopter les meilleures pratiques et veiller à leur bonne application tant de la part de l'entreprise ou l'administration que de ses collaborateurs. Il y va de la sauvegarde des emplois.

5. Assurer une vraie lisibilité de la communication officielle. Si les pouvoirs publics veulent que les entreprises organisent leur reprise dans les meilleures conditions possible et que les collaborateurs travaillent avec un minimum de sérénité, il ne sera plus possible d'accumuler autant d'injonctions contradictoires dans un laps de temps si court.

6. Promettre d'accompagner dans la durée. Le soutien de l'État et des banques à la trésorerie des entreprises, en particulier les TPE et les PME, se devra d'être sans faille. Dans le même temps, il est impératif que tout soit mis en œuvre, y compris lorsque cela concerne ce si mauvais payeur qu'est l'État, pour que les délais de paiement légaux soient (enfin !) respectés en France.

Nous le voyons. La complexité de ce plan de déconfinement n'a aucun précédent, aucun modèle comparable. De lui et de la date de sa mise en œuvre dépendra la durée de la récession. Et s'il est possible de regarder le cas des autres pays pour s'inspirer, rien ne remplacera jamais l'intelligence d'une Nation tout entière, à qui sait la mobiliser. Comme Napoléon le disait de la guerre, ces opérations d'une complexité inouïe se révéleront être « un art tout d'exécution ». Bien sûr, le risque serait que tout recommence comme avant. Mais le risque que rien ne recommence à temps serait pire. À nous, Français, d'exiger qu'un bilan complet de cette crise soit réalisé et ensuite, en conscience, de décider d'un nouveau projet pour la France.

SOCIÉTÉ POST-CONFINEMENT : DES RAISONS D'ÊTRE OPTIMISTE !

par Widiane Richard | **16 avril 2020**

Plus encore que les autres générations, les jeunes gardent l'espoir et veulent voir dans cette crise opportunité d'un nouveau départ pour affronter les grands défis du siècle.

Imaginer la société française postconfinement paraît presque irréalisable étant donné l'inédit de la situation.

Il est vrai qu'à 22 ans je n'ai jamais connu autre chose que la liberté : imaginer que je puisse recevoir une amende pour être sortie de chez moi me paraît invraisemblable. Pour autant, cette mesure de confinement est bien nécessaire face à l'épidémie que NOUS affrontons. Le « nous » concerne l'ensemble de l'humanité car le Covid-19 ne tient pas compte des frontières. Pourtant, malgré l'identification de cet ennemi commun, la solidarité mondiale ne semble pas être de mise. Au contraire, nous assistons à un enchaînement de replis nationaux, ce qui ne peut qu'exacerber notre inquiétude face à cette maladie et ses conséquences. Chacun ressent la peur qu'un membre de sa famille soit « infecté » et nous connaissons tous des personnes qui, de par la nature de leur travail, sont obligées de continuer à travailler, en dépit des risques qu'elles prennent pour leur santé.

Pour les « confinés » comme moi, c'est comme si le temps s'était brusquement arrêté. Si bien que cette « liberté » que je pensais avoir perdue à l'annonce du confinement le 16 mars dernier n'a jamais eu autant de sens. D'abord, parce que je me rends désormais compte de la chance que j'avais de pouvoir aller où bon me semble. Ensuite, comme beaucoup d'étudiants dont j'ai recueilli le témoignage, j'en viens à me dire qu'être enfermée n'est peut-être pas une expérience si terrible. L'interruption brutale de notre quotidien nous a obligés à prendre conscience du temps, ce temps long que nous avons souvent tendance à négliger au profit de nos activités quotidiennes. Le confinement nous pousse à chercher de nouvelles activités comme la cuisine, la musique, la lecture, la peinture, etc. Il nous pousse également à prendre des nouvelles fréquentes de nos proches et amis, chose que, pour beaucoup d'entre nous, nous ne prenions pas le temps de faire.

Tout n'est donc pas négatif, même si la frénésie médiatique autour des victimes du Covid-19 nous rappelle sans cesse la gravité de la situation.

Autre point positif: l'admiration de la population pour tous ceux qui, comme les soignants, mais aussi les agriculteurs, les caissiers, les éboueurs, les cadres de certaines entreprises, mettent leur vie en danger pour assurer le fonctionnement de notre société. Car, après tout, la société ne peut pas s'arrêter intégralement.

S'il est évident que l'on ne retrouvera pas le pays dans le même état qu'auparavant, du moins pas immédiatement, il y existe néanmoins des raisons d'être optimiste.

Pour le monde de demain, tout le monde espère sans doute que les «bons côtés» que cette crise a fait émerger demeurent. En commençant par la revalorisation de «l'ensemble des carrières» de l'hôpital, comme l'a promis le Président Macron. Mais cette revalorisation, pour être efficace et utile, ne doit pas seulement être monétaire. En effet, pour la première fois en un siècle, notre population, riche comme pauvre, s'est retrouvée dépendante de certains métiers, redonnant par exemple un certain souffle aux agriculteurs qui étaient souvent mis au second plan.

Cette épidémie mondiale a montré les bienfaits d'une consommation plus locale et plus responsable.
Ne pas faire les courses tous les jours aura sans doute aussi permis de limiter nos habitudes consuméristes. Surtout lorsque la plus grande partie de notre budget était destinée à nos déplacements et à notre loyer en ville. Jamais il n'a été si valorisant de vivre à la campagne et de pouvoir profiter d'un jardin, ce qui a eu pour conséquence de rapprocher la population de l'environnement, de la nature. La société postconfinement, il faut l'espérer, sera ainsi davantage mobilisée pour la lutte contre les désastres écologiques.

Au-delà de nos changements d'habitudes, nous voyons qu'en cette période difficile une entraide s'est mise en place pour aider les personnes les plus vulnérables. Une solidarité qui nous montre l'importance des échanges avec son voisinage et son entourage, et nous détache de l'individualisme. Après le confinement, il faut espérer que ses valeurs (qui ne ressortent que dans les moments les plus difficiles) nous paraissent désormais essentielles. Il ne faut également pas oublier qu'être «confiné» signifie être réduit à un petit espace sans pouvoir voir ses amis, sa famille... Les retrouvailles postconfinement sont très attendues et nous rappellent que boire un verre avec un ami en terrasse fait partie des bonheurs de la vie dont il faut savoir profiter.

L'épidémie est aussi l'occasion de montrer l'importance de la transparence de notre gouvernement (chiffres sur le nombre de victimes, capacités médicales...) et poussera nos institutions à revoir les priorités de notre nation en passant par la revalorisation de certains métiers, l'investissement dans le secteur hospitalier, la solidarité nationale et la protection de l'environnement (en espérant que ce dernier ne sera pas relégué au second plan en raison d'une crise économique et sociale attendue).

Pour finir, il me semble que cette crise nous invite à percevoir la société différemment, surtout pour les jeunes générations: il faut parfois se contenter de ce que l'on a et du plus simple.

APRÈS LE CORONAVIRUS, LA NATION DEVRA SE SOUVENIR !

par Jacky Isabello et Alexandre Malafaye | **17 avril 2020**

Le bilan est lourd.
La France pleure ses 20 000 morts, déjà, et salue chaque soir ses soignants.
Le jour venu, il ne faudra pas les oublier.

C'est certain, nous prendrons date ! Le président de la République, fervent adepte de l'exercice mémoriel, aura certainement le devoir de noircir nos calendriers d'une nouvelle inscription sur la grande frise de l'Histoire de France. Quand ? Le 16 mars, jour de déclaration de guerre totale au Covid-19 ? Personne ? à ce stade de la pandémie, ne possède la réponse. Mais nous prendrons date, puisque cette discussion revient à chaque mouvement d'émotion collective. Nous prendrons date, car nous saisissons désormais toute la vacuité du sentiment qui nous assaille, lorsque, débordant d'orgueil national, nous souhaitions marquer d'un jour férié une insignifiante victoire en Coupe du monde de football. Bien sûr, l'après-coronavirus ouvrira une période nécessaire aux bilans et à la recherche de boucs émissaires. La philosophie de René Girard a révélé sa permanence ontologique dans la grande histoire de l'humanité.

Il faudra comprendre comment l'ennemi a contourné notre ligne Maginot et sans doute « châtier » ceux qui ont conçu une si pitoyable défense face à un ennemi parfaitement bien décrit dans les trois derniers Livres blancs de la défense et de la sécurité nationale. S'ouvrir sur les points de la crise qui auraient pu être mieux gérés, mais surtout sur la manière dont le pays est ressorti vainqueur de cette terrible épreuve encore en train d'éradiquer nos congénères ici et ailleurs sur le globe. Pour ouvrir notre porte à la résilience et au souvenir, il convient d'engager une réflexion sur la respectable manière de marquer d'une croix le jour de notre victoire commune contre cet événement comparable à nul autre. La Chine s'est figée samedi 4 avril pour un moment de recueillement national de trois minutes à la mémoire des personnes décédées. Faut-il imaginer un statut pour les héros de cette guerre ? Le serment d'Hippocrate leur a fait promettre « de rétablir, de préserver ou de promouvoir la santé », certes, mais pas au sacrifice de leur vie.

Une date pour se souvenir de ne pas oublier. Un statut pour marquer la reconnaissance de la Nation.

Car c'est bien une guerre qui se déroule sous nos yeux. Même s'il n'y aura pas d'armistice, de reddition, de traité de paix, de glorieuses prises de guerre ni de parades des vainqueurs traînant l'ennemi vaincu derrière leur char. Cessons les puériles exégèses sur le droit d'utiliser ce terme et les métaphores qu'il octroie. Ou alors, embastillons, pour user d'un seul argument, celles et ceux qui publient ouvrages et animent conférences sur la « guerre économique[1] », ou la « cyberguerre[2] » dont ont d'ailleurs été victimes durant cette crise les systèmes d'information de nombreux hôpitaux. Comme dans toutes les guerres, nous sommes passés par tous les stades. « Petite grippette » sujette à l'arrogance, puis « on va tous mourir » prétexte à un désir de basculer dans le plus profond désespoir. Une guerre où tout est attaqué et détruit : les industries culturelles, celles de l'automobile, de l'aérien, les restaurants et les commerces au plus près de chez nous. Sa proximité arase toute évocation de ce que fut une vie sociale, nous effleure et remplit nos poumons d'un air de dimanche 15 août après une attaque nucléaire. Cette guerre du front menée par nos soignants, nos élus locaux, nos policiers. Mais aussi cette guerre de l'arrière soutenue par nos caissières, nos routiers, nos professeurs, les assistantes de vie qui, tels les mineurs de Tchernobyl, construisent à leur manière, et elles aussi sans équipements de protection, un tunnel de soins avec les plus fragiles. Sans eux, de très nombreuses pertes s'ajouteraient à l'horreur du jugement chiffré livré chaque jour par un autre Salomon, éminent médecin celui-ci et directeur général de la Santé.

C'est bien une guerre. Une guerre parce qu'une force transcendante, qui a pour seul visage cette couronne virale meurtrière, empêche des familles, partout dans le monde, d'accompagner une dernière fois leurs proches. Par certains côtés, ce virus nous fait toucher l'émotion du deuil impossible que raconte divinement bien Pierre Lemaitre dans son ouvrage *Au revoir là-haut*. Lemaitre narrait alors les trafics de dépouilles et les fausses sépultures ; aujourd'hui, ce sont les escroqueries – misérables – aux gants et aux appareils respiratoires menées par des individus sans scrupule, des organisations criminelles, voire des États sans éthique.

C'est bien une guerre. Et, comme chacune, elle est incarnée par des meneurs d'hommes. Instantanément, nous pourrions citer des noms. Soit certains ont le statut de héros autour de la table de nos dîners confinés, soit ils souffrent du dédain et des outrances sémantiques dus aux misérables Diafoirus. De Gaulle, Pétain, Clemenceau, Gamelin ont été remplacés par Raoult, Juvin, Salomon et Cymès. Demain proclamera qui des dirigeants du nouveau monde macronien et des oppositions lepénistes et mélenchonistes seront passés à la postérité, ou auront été précipités par l'opinion publique du haut de la roche Tarpéienne.

C'est bien une guerre. Rare conflit! Pas même la terrible, et dernière en date, déconfiture du système financier mondial en 2008 n'aura incarné l'universalité et l'horreur élevée au rang de catastrophe humaine planétaire. De cette épreuve, les experts psychiatres alertent sur les risques de voir la population dans son ensemble souffrir d'un stress post-traumatique une fois libérée des chaînes de son confinement. Tels des combattants, nous aurons conscientisé notre propre finitude, à travers la disparition des stars mais aussi celle des anonymes. Forcés de garder les yeux ouverts aux autres conséquences morbides de ce virus, telle l'envolée des chiffres des femmes victimes de violences familiales durant cette période qui continue de s'écouler sous nos plumes. Difficile d'y échapper, les gens rembobinent le fil du temps et reviennent à l'heure du tout-télévision. Trente-cinq millions de personnes ont assisté le 16 mars à l'annonce du confinement par le président de la République. Les experts de nos refoulements freudiens préviennent des effets à venir vis-à-vis de la reprise de contact avec la multitude, la foule. Serons-nous victimes d'une vague d'agoraphobie généralisée? Aurons-nous admis la distanciation sociale désormais comme la norme? Verrons-nous des épidémies de masques couvrir l'ensemble des visages de ceux qui connaissent les mélodies en sous-sol d'un voyage en « métro » ou en RER?

C'est bien une guerre, car il y a une armée et un front. L'armée est celle de nos courageux soignants. Le front est dans nos hôpitaux qui ploient sous les assauts de l'ennemi. C'est là que la bataille fait rage et décime patients et soignants. Combien de médecins, d'infirmières et d'aides-soignants vont-ils tomber sur ce champ d'horreur sanitaire? Il est trop tôt pour le dire. Mais, pour eux, une date de commémoration ne suffira pas. Pour eux, il faudra s'interroger et peut-être leur accorder le statut – récemment créé lors des vagues d'attentats – de « mort au service de la France ». Des policiers et des pompiers en ont bénéficié.

Alors, pour mettre derrière nous les effets délétères de cette guerre, il y aura un acte de Libération. Peut-être assisterons-nous, après les applaudissements de 20 heures sincères mais distanciés, à des scènes collectives de liesse et d'embrassades nouvellement autorisées, dans les rues des grandes métropoles. Un effet déconfinement vis-à-vis des populations qui, pour la première fois de toutes nos existences et jamais depuis la fin de la Seconde guerre mondiale, verra parents, aînés, enfants ressentir cette expérience traumatisante avec un sentiment gémellaire façonné d'humilité; de culpabilité d'être encore là ou de joie d'avoir bravé la mort. Celle qui refroidit l'échine, que l'on ressent dans sa chair et qui impose le recueil et le silence. Plus réjouissant, que penser d'un effet baby-boom dès 2021, car la nature reprend toujours ses droits.

Pour toutes ces raisons et sans doute d'autres, car le combat est encore devant nous. À l'heure à laquelle ces mots se tracent, plus de 17 000 personnes ont perdu la vie en France dans les hôpitaux. Et la honte nous envahit de ne pouvoir rien accomplir pour venir en aide à nos aînés qui s'étouffent en EHPAD dans un brouillard statistique insupportable. Pour toutes ces raisons, il faudra graver une date dans notre calendrier pour le recueillement, la célébration de la victoire et l'indispensable analyse des enseignements tirés de cette expérience que l'on pensait impossible encore, la veille du premier tour des élections municipales. Pour toutes ces raisons, la reconnaissance de la Nation impose un statut particulier à l'armée des soignants tombés au front.

NOTES

1. Ali Laïdi, *Histoire mondiale de la guerre économique*, Perrin.
2. Jean-Louis Gergorin, Leo Isaac-Dognin, *Cyber, la guerre permanente*, Éditions du Cerf.

LA SORTIE DU CONFINEMENT À L'ÉPREUVE DE L'INCERTITUDE

par Benjamin Grange, Général (2S) Bertrand Ract-Madoux, Amiral (2S) François Dupont et Xavier Dupont **| 23 avril 2020**

La crise sanitaire a pris tout le monde de vitesse. Raison de plus pour tirer les premiers enseignements de cette «étrange défaite» et proposer des parades pour ne plus commettre les mêmes erreurs. Cet article a aussi fait l'objet d'une publication dans* L'Opinion *le 22 avril 2020.

Le futur n'est pas l'avenir. D'après *Le Robert*, «le futur est ce qui appartient à l'avenir». Nous adorons tous nous projeter dans le futur, anticiper, nous y préparer: où allons-nous? Que ferons-nous? Comment l'activité va-t-elle évoluer? Dans quel secteur?... L'homme est un être de projet et d'anticipation. L'homme est l'être qui attend et prépare son futur. Mais le futur n'est pas l'avenir! Autant le futur est prévisible, autant l'avenir représente ce qui arrive, mais à la façon d'un surgissement ou d'une nouveauté inattendue. C'est la catastrophe qui vient déjouer tous nos plans. C'est aussi le grain de sable qui enraie la machine. On anticipe tous les risques possibles et prévisibles (futur) pour une centrale nucléaire, et c'est pourtant Fukushima (avenir). On prévoit tous les types de risques sanitaires pour le futur, sauf la catastrophe sanitaire que nous traversons. Ainsi, le risque désigne une situation où les possibilités futures sont connues et probabilisables.

Par opposition, l'incertitude désigne une situation où l'on ignore tout cela. Et force est de constater qu'en plein Covid-19 nous sommes bien en proie à ce phénomène d'incertitude.

L'intérêt de la planification. Le sujet de la réponse à l'incertitude, c'est que celle-ci ne se gère pas comme un risque, que ce soit en termes de prise de décision, de gestion des opérations ou de communication. Si le risque s'anticipe par sa probabilité d'apparition et son ampleur, il peut (évidemment) plus facilement se planifier. La gestion des risques est d'ailleurs le « sport national » en entreprise, tellement il rassure les dirigeants. Chaque risque fait l'objet d'un plan d'actions gradué. Une fois le risque matérialisé, il suffit d'appuyer sur le bouton et on déroule le plan qui aura été travaillé au préalable. Continuité d'activité, réponse à un incident d'exploitation...

Si on sait anticiper le risque, la décision est simple et l'action normalement appropriée. La gouvernance reste simple, en général centralisée, déconnectant les circuits de décision habituels pour permettre une mise en œuvre la plus rapide possible. Quant à la communication, elle est directive, descendante et par nature rassurante, puisqu'il est possible d'évoquer l'ensemble des étapes par avance. La fin est connue comme les seuils de franchissement des chapitres du plan d'action. Dans le cas du Covid-19, le passage du stade 2 au stade 3 relève de cette logique et n'a d'ailleurs pas soulevé d'inquiétude démesurée dans la population. L'armée excelle aussi dans sa capacité à planifier, d'une part pour organiser dans le temps long ses investissements, d'autre part pour préparer les opérations militaires et de défense en fonction des menaces ou des risques recensés.

On peut ajouter que, notamment pour ce qui concerne la planification des opérations (voir la plus célèbre d'entre elles, Overlord), il est très rare que les choses se passent comme elles avaient été planifiées. Mais le simple fait d'avoir planifié et donc d'avoir réfléchi avant permet aux états-majors d'être en mesure de faire évoluer très vite les mouvements au regard de ce qui se passe effectivement sur le terrain. Gérer l'incertitude – les quatre clés. Il en va différemment lorsque le danger ou la menace sera de nature nouvelle, voire imprévisible. L'incertitude relève en effet d'une tout autre logique. Celle de l'expérimentation.

Expérimenter, c'est éprouver, pratiquer des expériences, tester, trouver des analogies. En définitive, c'est accepter de ne pas savoir. Gérer en situation d'incertitude, c'est avancer à l'aveuglette en découvrant chaque minute des événements nouveaux et non envisagés. Ce serait comme une armée qui progresserait en terrain inconnu et qui verrait, un jour, des arbres descendant du ciel, un autre jour des vents soufflant à la fois du Nord et du Sud, et un troisième la pente qui à la fois monte et descend. Coller une réponse « toute prête », un plan d'action « sur étagère », et c'est la crise assurée. Dans cette situation que certains appellent « l'inconnu inconnu », puisqu'on ne sait même pas ce que l'on ne sait pas, il faut adopter une autre attitude que les attitudes conventionnelles, lesquelles consistent à se référer aux situations connues pour extrapoler les solutions.

1. Multiplier les capteurs

Le premier impératif est de multiplier les capteurs, pour mieux connaître ce qui se passe, aussi étranges que puissent être ces informations. Les capteurs existent, ce sont chacun des membres de la communauté humaine qui fait face à cette crise. L'enjeu pour celui qui est décisionnaire est de sortir de la « bunkerisation organisationnelle » que génère la situation de crise, pour être attentif et poreux aux signaux faibles, aux informations remontant par des biais singuliers.

2. Favoriser les initiatives de terrain et les tester localement

La deuxième mesure de bon sens est de largement favoriser les initiatives des acteurs de terrain. Il est en effet possible que, par intuition, par la réunion fortuite d'un certain nombre de conditions, ou par simple hasard, une découverte majeure soit réalisée à Cahors ou à Redon. Pour profiter complètement de ces avancées locales ou fortuites, il faut monter rapidement un réseau de diffusion de ces pratiques sur un mode horizontal et non pas pyramidal, afin que les innovations partielles ensemencent d'autres initiatives, prises par ailleurs, qu'elles enrichiraient ou infléchiraient.

3. Créer une *war room*

Il faut que le niveau central se dote d'une *war room*, d'une capacité de capitalisation des informations factuelles, et des initiatives locales. Cette capitalisation sera le réservoir de données qui permettra d'avancer infiniment plus vite dans la connaissance du terrain, et dans les solutions appropriées pour vaincre les différentes difficultés. En effet, en mettant sur ce réservoir de données des outils assez rustiques d'intelligence artificielle – ou même, plus simplement, quelques experts aguerris–, on peut rapidement distinguer les traits structurels du phénomène, en supprimant le « bruit » qui entoure cette masse d'information. Accepter de prendre des risques en mettant en œuvre est un corollaire de l'incertitude. Il faut essayer, tester, tâtonner. L'univers des start-up est très aguerri à ce type de pratique. Par nécessité de tester les conditions de succès d'une innovation, elles sont obligées d'essayer toutes les combinaisons possibles, à la manière d'un « mastermind », jusqu'à ce que le terrain, les premiers clients leur donnent raison. Attention cependant au risque, dans un souci de parfaite maîtrise, d'attendre la fin des analyses pour décider !

4. Contrôler la communication

Enfin, il faut être authentique dans sa communication. « Authentique » ne veut pas dire que l'on dit tout. Simplement, ce que l'on dit est conforme à la réalité. Dire ce que l'on fait, faire ce que l'on dit est la base du contrat de confiance en période d'incertitude. L'humilité prime. Cela n'empêche pas de bien dire les choses ou de cultiver une formulation à son avantage. Mais cela exclut toute posture de communication qui serait déconnectée de la réalité vécue et qui asśenerait de fausses vérités. C'est aussi au sein de la *war room* que devra s'élaborer cette communication. La phase de sortie du confinement sera tous les jours mise à l'épreuve de l'incertitude. La désignation récente d'un responsable pour cette phase capitale montre, s'il en était besoin, que la *war room* doit déjà se mettre en place, à ses ordres pour être prête au jour J.

LA PAROLE DU CHEF ET LA COMMUNICATION DU PRÉSIDENT

par Geneviève Goëtzinger | **28 avril 2020**

Face à une communication officielle perçue comme pour le moins chaotique, le besoin d'une parole de chef claire et de nature à mobiliser se fait attendre.

Parole du chef, communication du Président... À première vue, la distinction peut apparaître paradoxale, voire un peu factice. Le président de la République n'est-il pas le chef suprême, chef de l'État, chef des armées, celui auquel tout remonte, qui tranche *in fine* de tout et dont le peuple attend tout ? Dans un régime aussi vertical et monarchique dans l'esprit que la Ve République, sa parole s'inscrit dans la définition en trois volets que le philosophe Paul Thibaut donne de la parole du chef : « Elle arrête la discussion, elle fixe la réalité, elle libère les esprits. »

En période de crise, le réflexe légitimiste est instantanément renforcé, réponse dans l'immédiateté à un réflexe de peur. Qu'il s'agisse de lutte contre le terrorisme, de crise financière majeure ou bien de sécurité sanitaire comme en ce moment, le chef doit répondre par une parole puissante, avec une forme de hauteur qui génère confiance et consensus. Le général de Villiers aime ainsi définir le chef comme « un absorbeur d'inquiétude et un diffuseur de confiance », lui fixant comme premier rôle de susciter l'adhésion et comme principal levier de dire la vérité.

Mais la différence entre le champ militaire et la sphère politique est flagrante. Dans l'armée, le respect de la parole du chef s'inscrit dans l'attachement à un système de valeurs, de règles partagées. Dans le champ politique, le pouvoir n'est pas d'essence hiérarchique mais s'exerce par délégation. L'adhésion n'est jamais acquise ; elle est pourtant la condition de l'acceptabilité des décisions lorsque celles-ci apparaissent exorbitantes du droit commun. Elle a tendance à s'étioler au fur et à mesure que les effets de la sidération s'estompent et que le débat partisan reprend ses droits.

La communication s'impose alors comme l'outil naturel d'accompagnement et d'explication de la décision. Depuis le début de la pandémie, le chef de l'État a la parole fréquente et s'est exercé à différents registres de communication, avec un succès variable. Il a, dans un premier temps, opté pour une posture martiale, accompagnée de formules guerrières et d'envolées lyriques ; la théâtralisation de la parole présidentielle n'a pas eu l'efficacité escomptée en termes de confiance, celle-ci s'étiolant pour finalement dégringoler au fil des enquêtes d'opinion.

Cette contre-performance peut en réalité s'expliquer par le non-respect, dans cette première phase de la communication présidentielle, des règles de la parole du chef. La communication du chef de l'État a ainsi été fragilisée par un manque de transparence provoquant le doute sur l'origine réelle de certains choix, notamment en matière d'utilisation de masques ou de tests ; elle a été affaiblie par une propension à s'abriter derrière les experts scientifiques, semblant sinon leur déléguer la prise de décision, du moins se défausser sur eux ; des injonctions contradictoires ont nui à la clarté du message ; elle a enfin souffert d'un manque d'empathie envers des citoyens qui ont pu se sentir plus infantilisés que responsabilisés dans la mise en œuvre des décisions qui leur étaient imposées.

Conscient des risques, le chef de l'État opte désormais pour une posture radicalement différente, plus concrète, plus sobre, plus véridique aussi, empreinte de bienveillance et enfin plus efficace. Emmanuel Macron joue la carte de la transparence, assume la prise de décision et réaffirme le primat du politique car la responsabilité en la matière ne se délègue pas plus qu'elle ne se divise. Dans ses ressorts les plus profonds, sa communication renoue avec la matrice de la parole du chef. Presque trois années après ce 14 juillet qui aura marqué sa rupture avec le général de Villiers, il adopte paradoxalement cette règle des 4 C théorisée par l'ancien chef d'état-major des armées. Emmanuel Macron « conçoit, convainc, conduit l'action et la contrôle ».

PREMIERS DE CORDÉE ET PREMIERS PILIERS

par Romain Labiaule | **29 avril 2020**

La Nation ouvre les yeux sur ceux qu'elle ne voyait plus – les petits, les humbles –, et dont on découvre soudain que rien n'est possible sans eux. D'une certaine façon, et à ce moment précis, la crise renforce la cohésion du pays.

« Le progrès a encore des progrès à faire », disait Philippe Meyer.

La crise historique de la pandémie du coronavirus, comme toute crise, tient en elle le triste tandem du tragique et de l'utile. Autrement dit, c'est dans l'épreuve que l'on apprend, c'est du moins ce que le devoir de mémoire cherche à nous enseigner. Personne, à l'heure actuelle, ne peut véritablement affirmer qu'il y aura un avant- et un après-coronavirus, ou si les choix politiques se tourneront vers une version raisonnée de notre système politique, social et économique.

Une chose est pourtant certaine, même si le système ne se réforme pas, cette crise aura eu le mérite de propulser sur le devant de la scène les « indispensables » : ces personnes dont le système est incapable de se passer prennent désormais toute la lumière, et peuvent jouir, le temps d'un instant, de ne plus passer par la porte de service.

Que ces piliers soient caissiers, préparateurs de commandes, manutentionnaires, aides-soignants, infirmiers libéraux ou hospitaliers, personnels d'EHPAD, agents de propreté, ouvriers du bâtiment, agents de sécurité, professeurs des écoles, militants associatifs - et bien d'autres –, ils sont au front. Bon gré mal gré, parce qu'ils sont mobilisés par devoir ou par obligation, la France pourra se relever grâce à la solidité de nos piliers.

La crise du coronavirus aura également permis de révéler un lourd secret de polichinelle. Les plus précaires restent les plus vulnérables face aux aléas du monde. Hier, nous parlions de réfugiés climatiques, et nous en reparlerons sûrement demain. Aujourd'hui, à l'instant T, une rumeur hurlante se répand comme une traînée de poudre. La presse se mobilise et décrit des situations alarmantes. Des familles qui peinent à se nourrir, des parents qui peinent à nourrir leurs enfants, alors qu'elles arrivaient laborieusement à joindre les deux bouts, notamment grâce aux cantines scolaires quasiment gratuites. Des personnes isolées géographiquement, limitées dans l'accès à leurs jardins partagés, effrayées par l'idée de souffrir de la faim. On révèle l'enfer de familles qui vivent dans des logements surpeuplés, parfois insalubres. La presse nous apprend également que les numéros d'urgence pour l'enfance en danger ou encore les femmes battues atteignent des records d'appels. Dans les quartiers pauvres de nos métropoles, la pandémie est encore plus présente du fait du mauvais accès aux soins et de la promiscuité, la désertification médicale y étant aussi forte que dans le périurbain ou la ruralité. Des circonstances plus que préoccupantes, dans la 6e puissance mondiale.

Cette crise aura par ailleurs permis de rappeler que le corps citoyen est plein de ressources, et qu'il est capable de se mobiliser et participer directement à la solidarité nationale. Que l'on couse des masques artisanaux, que l'on fasse un don à une association, ou simplement que l'on partage les bons gestes, le génie citoyen est démontré, bien qu'il s'efforce de côtoyer, parfois, la délation et les fausses informations.

Un génie citoyen renforcé par la relève d'une jeunesse française déterminée à faire de son espoir une réalité. Tous les indicateurs montrent que la jeunesse qui se mobilise se tourne avant tout vers l'associatif. Une démonstration, s'il y en avait besoin, du bouillonnement citoyen qui émerge chez la jeune génération. Et une démonstration qui permet de prévoir un passage de témoin intergénérationnel solide et pérenne, fondé sur le couple de la transmission et de l'innovation, pour relever les enjeux d'un système rongé par l'obsolescence programmée.

Chaque soir, quand le gong des 20 heures sonne, une partie des citoyens clape à l'unisson pour signifier sa gratitude envers les soignants. Une musique qui, nous l'espérons, résonne jusqu'aux oreilles de tous les piliers de notre société. Des applaudissements sincères, qui ne prônent ni la fracture ni la division, et qui pourront probablement faire progresser le partage de la valeur grâce à la reconnaissance de chacun, la place des citoyens dans la gouvernance nationale et locale, la cohésion nationale, et la fraternité.

MONSIEUR LE PRÉSIDENT, FAITES-NOUS CONFIANCE !

par Laura Schaub et Joséphine Staron | **30 avril 2020**

Six semaines après le début du confinement, l'État contrôle tout et ne lâche rien. Et s'il y avait une autre voie à emprunter, celle de la confiance et du pari de la responsabilisation ?

Si le Covid-19 a eu un mérite pour les jeunes générations et toutes les autres d'ailleurs, c'est bien celui d'appuyer sur le bouton pause et de permettre à chacun de faire une pause dans l'effervescence d'une vie qui tournait à mille à l'heure. Peu importe si nous étions en vacances ou au travail, nous sortions toujours essorés, rarement reposés, et nous n'avions pas vraiment le temps de réfléchir au sens de nos actions, de notre vie en général.

De même, la période du confinement nous a rappelé la chance que nous avons de profiter de notre liberté lorsque nous ne sommes pas confinés : les frontières n'existaient plus ou quasiment plus, et nous pouvions aller partout, n'importe quand, avec n'importe qui !

Cependant, cette période qui se résume à « quatre murs et un miroir » a permis de mettre un mot sur notre mal-être, qui est la quête de sens. Oui, la génération milléniale veut redonner du sens à ses actions. Mais, jusqu'à présent, elle n'avait pas le temps de se demander comment et où trouver ce sens.
Notre génération ne veut pas créer un nouveau monde. Notre génération veut seulement que, dans notre monde, le temps long soit retrouvé et rempli de son sens. De même, outre le mot « sens », notre génération appelle à la responsabilité.

La crise du Covid-19 a mis en lumière deux acteurs clés: l'État et son écosystème, et l'entreprise. Nous avons des choses à leur dire.

1. L'État

La crise a permis de montrer le rôle et la fonction de chacune de nos institutions. Le droit administratif et les lourdeurs administratives sont mis en exergue à travers leur pratique sur le terrain, que nous découvrons pour beaucoup! Nous avons redécouvert le rôle d'un préfet, d'un maire, d'une collectivité, d'un service public. Tout comme celui d'un ministre de la Santé ou du Travail, d'un Premier ministre et d'un président de la République.

De même, notre génération, qui pratiquait souvent l'abstention, commence à comprendre l'importance du vote et la nécessité de s'impliquer dans son quartier, dans sa ville ou tout simplement auprès de ses voisins.

Mais la grande difficulté qu'il faudra surmonter, c'est le déficit de confiance à deux niveaux: des gouvernés envers leurs gouvernants; et des gouvernants envers les gouvernés.

Si le pays est en guerre, comme l'a déclaré le président de la République en mars dernier, alors les institutions doivent mobiliser les citoyens dans l'effort de guerre. Pas simplement en leur ordonnant de rester chez eux confinés, mais en faisant appel aux talents, aux bonnes volontés, aux savoir-faire de millions de gens prêts à aider, à participer. Ce fut le cas en 1792 à la veille de la guerre contre la Prusse: l'État, à court de poudre à canon, s'est tourné vers les citoyens français et leur a demandé de gratter le salpêtre de leur cave pour fournir la poudre en quantité suffisante. Dans cet exemple, l'État s'est appuyé sur sa population, il lui a fait confiance. Deux cent vingt-huit ans plus tard, en 2020, l'État français devrait être capable de cette même humilité et acte de confiance.

D'autant plus que les citoyens français ont démontré leur volonté de se mobiliser pendant la crise: beaucoup d'associations ont été spontanément créées pour fabriquer des masques ou fournir de la nourriture aux hôpitaux ou plus démunis.

L'État est là pour nous protéger, mais ne doit plus être patriarche. Il doit permettre aux citoyens de participer à l'effort de guerre. Le déconfinement pourrait être le moment opportun de faire confiance à la population et de l'impliquer dans cette période, autrement qu'en exigeant le respect des règles barrières.

Nous avons besoin d'une gouvernance à vision longue qui ne doit pas être uniquement guidée par les élections.

Pour que le déconfinement soit un succès, les maires, les présidents des conseils départementaux et régionaux, les préfets, les recteurs et inspecteurs d'académie, les administrateurs généraux des finances publiques – en d'autres termes, tous les acteurs de l'action publique – doivent travailler ensemble, mais aussi s'appuyer sur les populations et leur bonne volonté.

L'aspect le plus abouti et le plus efficace de l'exercice du pouvoir consiste toujours et avant toute autre priorité à se mettre en situation de le partager, dans un rôle fédérateur et de complémentarité des compétences et des services rendus au bénéfice de tous.

C'est précisément ce qui a présidé, par exemple, à l'option privilégiée de faire du « binôme » maires/préfets un vecteur prioritaire mis au service de nos concitoyens, en y intégrant le souci permanent de la proximité, de l'adaptation aux conditions locales et de confiance placée dans les acteurs de terrain.

Plusieurs options s'offrent aux acteurs de l'action publique pour associer plus étroitement et en bonne intelligence les citoyens :

- Services civiques : créer des services civiques au sein des mairies et des collectivités locales, pour aider les populations les plus faibles et assurer, par exemple, la livraison des repas aux personnes âgées, ou bien la garde des enfants pour le personnel soignant.
- La communication : les collectivités locales doivent être présentes sur les réseaux sociaux pour informer les citoyens des initiatives locales et pour recueillir leur avis en les faisant participer à des sondages sur des sujets d'intérêt local ou régional.
- Société civile et intelligence collective : les collectivités peuvent s'appuyer sur le tissu associatif de leur territoire afin de co-construire avec la société civile des solutions pour le déconfinement.

2. Les entreprises

L'entreprise sera durablement transformée par cette crise. S'il ne s'agit pas de créer un nouveau monde de l'entreprise, il convient, aujourd'hui plus que jamais, de s'appuyer sur de nouvelles méthodes de travail.

Cette crise permet de mettre en avant les mauvaises pratiques de certaines entreprises : usage abusif du chômage partiel, excès des réunionites, mauvaise ou non-communication des objectifs à atteindre, management *top-down* et sans concertation. Il est certain qu'en sortie de crise nous ne voudrons plus de cette organisation. Nous souhaiterons retrouver un équilibre entre vie professionnelle et vie personnelle ; nous ne voudrons plus être dominés par un agenda rempli de réunions qui n'aboutissent pas, ni par les bas de ligne des tableaux Excel ou le *reporting* à trois mois qui guident les orientations de l'entreprise.

Il faudra donc aménager les horaires et les modes de travail pour permettre à chacun d'utiliser au mieux son temps. Par exemple, le télétravail et/ou les horaires décalés pourraient devenir la règle (pendant le déconfinement et après) pour les personnes qui habitent loin de leur lieu de travail, pour leur éviter le malaise des transports en commun bondés aux heures de pointe.

L'entreprise regroupe une communauté de membres, tous engagés vers la réussite et l'atteinte de ses objectifs, mais tous différents, de par leur personnalité, leurs compétences, leur expérience. Il y a donc grand profit pour l'entreprise à bien élaborer sa raison d'être, le sens de son action ainsi que la meilleure stratégie à mettre en œuvre à cet effet. Mais il est au moins aussi important de partager ces grands principes avec le personnel, de bien définir la part qui revient à chacun, selon ses talents, et d'obtenir ainsi l'adhésion de chacun et chacune, c'est-à-dire de tous.

Tout comme l'État doit accorder sa confiance aux citoyens, les entreprises doivent accorder la leur à leurs employés en leur permettant d'organiser au mieux et en bonne intelligence leur temps et leur mode de travail, mais aussi en les impliquant davantage dans les processus de prises de décision.

Plusieurs options peuvent être étudiées, parmi lesquelles:

- Partage de la valeur: les entreprises pourraient créer un guide des bonnes pratiques qui remettrait au centre le citoyen et offrirait une vision différente sur le partage de la valeur au sein de l'entreprise. Par exemple, le bien-être au travail deviendrait un chantier prioritaire dans toutes les entreprises, serait pris en compte comme un indicateur financier tout au long de l'année et présenté au conseil d'administration. Le bilan d'une entreprise prendra en compte la performance financière au même titre que la performance sociale.
- Raison d'être: l'entreprise doit créer une raison d'être et obtenir l'adhésion de toutes ses parties prenantes. Celle-ci permettra de générer la confiance qui est une condition du succès.
- Télétravail: l'entreprise doit veiller au respect de la frontière entre la vie professionnelle et personnelle. Le droit à la déconnexion devra être respecté et les réunions après une certaine heure devront être interdites, sauf cas exceptionnel.
- Crise sanitaire et actions rapides: un guide des bonnes pratiques devra être mis en place concernant les enjeux sanitaires, et les employés devront être formés et sensibilisés à ces enjeux avant un retour sur le lieu de travail. Dans un esprit de respect et de confiance mutuelle, un employé présentant des symptômes du coronavirus devra en informer son manager au plus tôt afin qu'il puisse confiner son équipe pour une période de deux semaines, sans avoir peur de perdre son travail.
- Entreprise solidaire: l'entreprise doit mettre en avant les actions de solidarité conduite pendant la crise sanitaire, pour renforcer le lien de confiance au sein de l'entreprise.
- Intelligence collective: la co-construction devra être mise au centre du management pour obtenir une meilleure participation de tous.

3. La nécessité d'un lien de confiance

Que ce soit pour l'entreprise ou l'action publique, l'obtention de la confiance des salariés ou des citoyens constitue un facteur déterminant du succès. Il y a, en effet, un lien direct entre la confiance, la cohésion et la qualité des résultats obtenus. Mais la confiance n'est jamais simple à obtenir et doit être préservée par tous les moyens. Elle ne se décrète pas, mais se construit et se constate.

Le problème est le suivant : aujourd'hui, personne ne fait confiance à personne. Nous sommes dans un système de défiance généralisée, ce qui explique en grande partie les difficultés que rencontrent l'État et l'action publique en général pour susciter l'adhésion des citoyens. L'État n'a pas non plus assez confiance dans ses citoyens, tout comme l'entreprise ne fait pas assez confiance à ses salariés. Cette défiance conduit à une société dans laquelle la sanction et la réprimande deviennent la norme.

Si la défiance est un cercle vicieux, la confiance est, en revanche, un cercle vertueux. Dans l'état actuel des choses, il appartient à l'Autorité, ici l'État et les entreprises, de faire le premier pas. En d'autres termes, il faut que ceux qui dirigent fassent le pari de la confiance et de la responsabilité. Gageons que la confiance est une vertu contagieuse. Les citoyens et les salariés (qui sont, au final, une seule et même personne) seront plus enclins à faire confiance à ceux qui les dirigent si ces derniers leur accordent en premier leur confiance et les engagent à être plus responsables.

La démocratie est le système politique dans lequel la confiance réciproque et la responsabilité individuelle et collective sont essentielles. En nous faisant confiance, vous dirigeants, nous rendez responsables de nous-mêmes et des autres. En nous faisant confiance, vous nous faites prendre conscience de la place que nous occupons dans le système et des conséquences de nos actions sur l'ensemble de la société. En nous faisant confiance, vous permettez qu'à notre tour, le moment venu, nous vous fassions confiance.

Ce n'est pas la première crise économique que nous vivons et nous n'avons pas peur de ce qui nous attend. Wuhan n'est pas Chicxulub, la météorite qui a provoqué l'extinction des dinosaures. Laissez-nous rêver, ne parlez pas d'un nouveau monde, nos dinosaures savent se remettre en question et font partie de notre monde et de celui de demain. En lieu et place du célèbre « C'était mieux avant », tentons d'adopter une nouvelle formule plus optimiste : « Ce sera encore mieux demain. »

Cette pandémie nous permet de créer notre chemin et de remettre au centre l'importance du bien-être personnel et environnemental. Le mot « famille » a retrouvé aussi tout son sens et sa place centrale. Il était temps.

Enfin, pour conclure sur une touche plus légère, nous conseillons aux générations à venir de choisir leur conjoint/conjointe avec des qualités en bricolage, de cuisine et d'humour, pour assurer les prochains confinements de manière sereine.

FAISONS DE CETTE CRISE UNE OPPORTUNITÉ

par le Père Xavier Manzano | **11 mai 2020**

La France n'est plus confinée et chacun se trouve placé à la croisée des chemins, entre l'envie du retour à une « vie normale » et la conscience que quelque chose ne tournait plus rond, et qu'il fallait changer.

Les temps de calamité sont propices aux interprétations. L'époque que nous traversons ne fait pas exception. Et tout y passe. Depuis le petit dessin où l'on voit un virus souriant serrer la main de la Terre en lui disant : « Tu crois qu'ils auront compris ? », jusqu'à de récents articles prétendument théologiques où l'on explique savamment que le fond de la question ce ne sont pas les morts du Covid-19 mais l'interruption du culte public de l'Église, châtiée ainsi pour son laxisme liturgique et doctrinal.

Ces « théories » ont toutes pour fond commun la passion obstinée de l'être humain à expliquer l'inexplicable. Un inexplicable où le mal tient évidemment la tête d'affiche. Et il peut nous revenir en mémoire, certes de manière un peu décalée, ce que Friedrich Hegel repérait comme moteur premier et apparent de l'histoire humaine : « Les passions [...], les fins de l'intérêt particulier, la satisfaction de l'égoïsme, voilà le facteur le plus puissant ; leur force réside en ceci, qu'elles ne considèrent aucune des bornes que le droit et la moralité veulent leur imposer et que ces puissances de la nature sont bien plus près de l'homme que l'éducation artificielle et longue en vue de l'ordre et de la modération, du droit et de la moralité[1]. »

Il semble en effet que, derrière les explications les plus savantes d'un drame, se dissimule une force brute : la passion de s'emparer d'un événement, d'un drame pour en fournir l'interprétation qui me flatte. Oui, car si l'on veut être un peu méchant, on peut, en grattant le ver-

1. Georg Wilhelm Friedrich Hegel, *Leçons sur la philosophie de l'histoire*.

nis poli de doctes raisonnements, trouver ces fins de l'intérêt particulier et cette satisfaction de l'égoïsme dont nous parle Hegel. En d'autres termes, en ramenant tout à sa plus simple expression, ces interprétations se résument à un seul message: «Si l'on m'avait écouté et si l'on s'était conformé à mon rêve, nous n'en serions pas là et nous ne serions pas si sévèrement punis par cette main invisible qui, évidemment, est tout entière de mon côté.» Autrement dit, derrière la Terre à protéger, derrière Dieu à respecter, derrière le monde à gérer, il y a surtout moi qui détiens la clef et du mystère du mal et du secret du bien. Cet orgueil brut fait passer celui qui en fait profession pour le «sauveur incompris», le «prophète méconnu», la «Cassandre négligée». Il fait surtout méconnaître ce que toute calamité exige d'un esprit mesuré: un peu d'humilité...

Car, derrière tout mal que nous subissons, gît quelque chose d'inexplicable. Tous les «comment?» que nous pourrons élucider se heurteront au «pourquoi?» qui trouble toute conscience humaine devant la force brute d'un mal qui ne demande ni pourquoi ni comment pour frapper. Nous pourrons, avec toute la force de notre esprit et de notre ingéniosité, réduire la part d'inexplicable. Nous ne la ferons jamais disparaître. Certains pourront peut-être exposer comment le Covid-19 est apparu, ils pourront sans doute dénoncer bien des causes humaines à cette pandémie: je ne pourrai jamais dire pourquoi elle frappe ma mère qui a eu le simple tort d'être trop âgée. Les explications, les interprétations, les prophéties à rebours fondent comme neige au soleil ardent des tropiques devant le simple drame humain d'une mort qui arrache et flagelle. Oui, bien des morts auraient pu être évitées avec plus de moyens, plus de prévoyance, plus de prudence. Mais pourquoi cela tombe-t-il sur cette personne? En fait, nul ne le sait. Et tant mieux!

Tant mieux car la part d'inconnu que recèle tout mal est son «scandale». Autrement dit, cette pierre qu'il met dans notre chaussure et sur laquelle nous butons. La pierre de scandale, c'est ce qui rend tout mal «scandaleux» et donc révoltant. Le scandale, c'est ce qui empêche de réduire ce que nous vivons à nos explications. C'est ce qui nous empêche de nous noyer dans les causes et les responsabilités à rechercher. Plutôt que de chercher des accusés, le scandale nous pousse à la révolte, à l'indignation. Autrement dit, à tordre le cou au mal plutôt que de le faire rentrer sous nos raisons, y compris flatteuses pour nous. Et c'est sans doute cette révolte contre ce qui nous menace et nous détruit qui nous détermine à regarder le présent et l'avenir autrement. Il ne s'agit pas d'entrer dans des grands systèmes ou de nouvelles utopies, encore moins dans des slogans moralisateurs. Comme toute guerre, celle dans laquelle nous nous trouvons a ses profiteurs et ses héros. Beaucoup ont déjà remarqué que l'individualisme néolibéral se fracasse contre ce que nous sommes en train de vivre: il est sans moyens et augmente le drame. Et l'on peut aussi aisément constater que les victoires ne proviennent que de gestes à la fois modestes et gratuits.

Ces simples constats entraînent une question: repartirons-nous comme avant ou bien cela changera-t-il vraiment quelque chose? Il est plus que probable que les deux termes de cette alternative seront vrais. Certains systèmes, pensés dans l'orbite du libéralisme individualiste le plus pur, ne vont pas changer comme par enchantement et ils auront leurs affidés, prêts à repartir en ayant tout oublié et rien appris. Attendre tout des structures ne mène à rien : elles sont aveugles et ne seront que ce qui en sera fait. Mais certaines consciences auront changé. Elles auront été touchées, au plus profond d'elles-mêmes : nous voyons des dévouements grands ou petits, qui ne doivent rien à l'intérêt ou au profit, tant s'en faut. Là se situe l'espérance. C'est la conscience, touchée et indignée par le mal qui frappe aveuglément, qui est la seule force de changement. Elle ne se remarque pas, elle ne se voit pas, elle est souvent éloignée des grands centres de décision, elle se rit des profits et des ambitions. Elle fait mentir ceux qui ne croient qu'à l'intérêt personnel. Chaque conscience ainsi touchée est une force d'engagement et de responsabilité, que rien ni personne ne peut manipuler. Elle est un îlot de lumière qui va modifier les choses autour d'elle. Et l'histoire connaît de ces consciences qui ont grippé des systèmes et appelé à la vraie dignité. Elles n'obéissent pas à des systèmes ou à des slogans. Elles sont simplement pénétrées de la valeur de la vie humaine et tentent de la protéger de tout ce qui la nie ou la souille. Elles ne laissent pas le mal dicter leurs choix et elles ne s'abandonnent pas au désespoir de l'à-quoi-bon. Devant elles, les canons de la peur et des engrenages sont réduits au silence.

La crise, comme l'étymologie l'indique, est le temps du jugement et de la décision : autrement dit, de l'engagement de la conscience. Elle est ce que nous avons de plus précieux : laissons-la nous réveiller !

D'UNE CRISE À L'AUTRE

par Benjamin Grange, Amiral (2S) François Dupont,
Général (2S) Bertrand Ract-Madoux, Geneviève Goëtzinger,
Jean-Claude Mailly | **1er juin 2020**

Le confinement a mis entre parenthèses les autres crises qui agitaient la France, notamment sur les plans économique, social et démocratique. Mais les dégâts causés par la crise sanitaire pourraient bien amplifier les mouvements d'opposition et de contestation.

Nous nous en souvenons: le mouvement des Gilets jaunes est né en octobre 2018 sur les réseaux sociaux autour de figures anonymes dont les «posts» ou les «Facebook live» étaient très suivis. Avec 27 millions de messages échangés sur Internet en treize mois, ce mouvement se voulait sans chefs, les contestant dès qu'ils tentaient d'émerger. Friands de réseaux sociaux et de négociations filmées au grand jour, partisans d'une démocratie directe, les Gilets jaunes semblaient avoir réussi ce que les syndicats et les partis les plus contestataires espéraient depuis longtemps: la convergence des luttes. Ni ultradroite ni ultragauche, mais ultrapeuple! Les fins de mois et le pouvoir d'achat formaient un combat commun pour fédérer le plus grand nombre. Ni négociation ni révolution. Les Gilets jaunes souhaitent qu'on les écoute, qu'on les voie (en jaune), qu'on les entende, qu'on les comprenne.

Mais, au fil des mois, les revendications semblent de plus en plus floues, le malaise du mouvement devenant patent. Pour la révolution, elle paraissait fort divisée, hésitant entre le mouvement de foule violent et le rejet de la casse. Alors que les Français sont naturellement portés à soutenir les mouvements sociaux ou les revendications populaires, le mouvement s'est progressivement marginalisé jusqu'à ne plus recueillir l'adhésion. Il s'est mis à durer pour durer, sans que le combat soit clair: ses revendications étant de moins en moins en lien avec les attentes de la société. On retient aujourd'hui de ce mouvement l'expression «Gilets jaunes» qui devient un marqueur de toute grogne sociale, sans que cela renvoie forcément aux origines du mouvement: diminution de la vitesse à 80 km/h, hausse du prix des carburants, stigmatisation des véhicules diesel, clivage entre urbains et ruraux, etc.

Dès 2019, les failles dans la société étaient criantes et révélées par ce mouvement : l'urgence d'un sursaut dans l'hôpital public, les retraites, le pouvoir d'achat et l'amélioration des conditions de vie des Français. Demain, elles seront exacerbées par la réalité de la crise économique post-Covid. La colère, déjà sourde, en sera probablement plus violente. Le sujet de la cohésion sociale est plus que jamais mis à mal, certains Français n'étant pas plus intégrés aujourd'hui qu'hier. Aides-soignants, livreurs, caissiers, agents de propreté..., ces « premiers de tranchée » pendant la crise seront aussi les premiers à se manifester, la reconnaissance de la France n'étant pas suffisante pour faire que la vie reprenne son cours comme si de rien n'était. Une nouvelle vague de contestation sociale est plus que probable. L'anticiper est dès lors nécessaire.

Les premiers signes sont déjà là. En plein confinement, la contestation prend une nouvelle façon de s'exprimer. #guillotine2020 incite, par exemple, au boycott, voire à la haine face à la foire aux vanités portées par certaines élites et stars pendant le confinement. C'est l'illustration de l'hacktivisme, forme de protestation fondée sur l'usage d'Internet pour défendre des idéologies ou des objectifs politiques. Se sentant investi d'une mission, l'hacktiviste utilise toute la panoplie des outils de communication d'Internet (blogs, réseaux sociaux, pétitions en ligne, YouTube...) pour informer, dénoncer ou tenter de convaincre et rassembler des personnes à sa cause. Déjà en 2018, plus de 1,8 million de citoyens avaient été réunis pour assigner l'État en justice avec « l'affaire du siècle ». En cause, son inaction en matière climatique !

Dès lors, la première attitude est d'éviter l'embrasement. Anticiper le risque d'emballement passe par une analyse de sensibilité des différentes communautés pour évaluer les failles et comprendre leur aggravation potentielle pour la société.

Si les révolutions sont souvent lancées par la classe moyenne, parfois la bourgeoisie, pour changer un régime et un système, les révoltes surgissent quand une partie de la population ne supporte plus ses conditions de vie et qu'elle considère n'avoir plus rien à perdre.

Mis en place de manière plus ou moins stricte selon les pays, le confinement et l'arrêt brutal d'une partie importante de l'économie ont un impact social lourd. Les entreprises sont affectées différemment : certaines ne sont guère pénalisées, d'autres auront des difficultés mais repartiront ; d'autres, enfin, mettront la clef sous la porte. Il faudra aussi distinguer les grandes entreprises (*too big to fail*) des situations de donneurs d'ordres ou de sous-traitants. Il faudra également intégrer les changements dans l'organisation du travail et le management avec, notamment, le développement du télétravail.

L'impact social sera donc différent selon les cas de figure, même si l'explosion du chômage va peser fortement sur le climat social et politique. Dans les entreprises qui redémarreront et qui ont une vraie tradition de dialogue social, il y aura des tensions et difficultés, mais l'on peut penser que des solutions de compromis innovantes seront trouvées. Celles où le dialogue social est mauvais connaîtront de fortes tensions pouvant se transformer en colères. Celles qui fermeront conduiront leurs salariés au chômage et les employeurs dans la difficulté matérielle. De nombreux jeunes ne retrouveront pas de travail (1 sur 6, selon l'Organisation internationale du travail) ou ne pourront pas s'insérer.

Dans ces conditions, qui plus est en France pendant une période d'élections politiques jusqu'en 2022, l'hypothèse de tensions sociales plus ou moins localisées et de mouvements de type révoltes est loin d'être une hypothèse d'école. Ce qui implique au minimum le maintien de « Canadair » budgétaires, des mesures d'efficacité équitables et un renouveau démocratique.

Après ce constat, un peu inquiétant mais à l'évidence réaliste, se pose naturellement une série de questions différentes mais qu'il va falloir prioriser, et auxquelles il faudra, bien sûr, essayer de trouver réponse.

La première est sans doute de nature sociétale, en cherchant à caractériser les causes possibles du mécontentement à venir et les populations les plus touchées. Il apparaît probable que la perte d'emploi et le non-recrutement de nouveaux travailleurs alimentent les premiers bataillons de mécontents. Dans un second temps, on peut imaginer une réaction face à une hausse des prix et une pression financière et fiscale croissante, une fois l'« euphorie dépensière » du printemps passée.

Car le phénomène des Gilets jaunes s'est estompé sur les plans médiatique et social, sans pour autant que sa cause principale n'ait été traitée : nos concitoyens veulent être reconnus et pouvoir vivre décemment de leur travail, actuel ou passé. On comprendra qu'il faudra encore, à l'avenir, compter sur les Gilets jaunes qui vont s'ajouter aux « nouveaux mécontents », victimes de la crise actuelle.

La deuxième pourrait être de nature politique, au sens noble du terme, en cherchant à donner à la population davantage de moyens d'influer sur les décisions et donc sur son avenir. Dans ce domaine, une modernisation des modes de scrutin, par le recours à la numérisation et à l'élargissement des possibilités de consultation, serait de nature à redonner aux Français le sentiment que leur avis est pris en compte et, par là même, favoriser un retour de la confiance.

De façon plus générale, le rôle politique assumé par l'État et ses représentants ne doit plus, malgré son importance et sa prédominance, être considéré comme la seule solution à tous les maux ; il n'en a plus ni les moyens ni la capacité, du fait de l'érosion de son autorité et de sa créativité. L'État, mais aussi les élus locaux, peuvent s'appuyer sur la pluralité des outils de communication qu'affectionnent notamment les jeunes générations (celles qui ont tendance à rejeter l'expression démocratique traditionnelle par le vote). Les sondages en ligne (via les réseaux sociaux notamment) pourraient, par exemple, être utilisés davantage par les pouvoirs publics afin de recueillir leurs avis, leurs opinions, leurs doléances et, ainsi, mieux orienter la décision publique et rapprocher le citoyen de ses représentants.

La troisième question relève du domaine économique et social, car ce sont bien les entreprises qui vont donner le ton dans les mois à venir. En fonction de l'ampleur de leurs difficultés à faire face à la crise, de leur capacité à gérer le dialogue social en concertation avec les acteurs syndicaux ou les représentants du personnel, elles parviendront ou non à adapter leur stratégie aux défis majeurs auxquels elles sont confrontées. Pour soutenir les entreprises dans cette période difficile, il est nécessaire de ne pas compter uniquement sur les mesures et les aides prodiguées par l'État. Il conviendra de faire appel à l'intégralité des acteurs du monde économique et social, aux niveaux régional, départemental et local, aux chambres des métiers et corps intermédiaires de toute nature. C'est là que réside, en effet, le meilleur cumul de l'expérience et de l'initiative.

Presque tous égaux devant le virus Covid-19, nous le sommes moins devant la crise économique et sociale qui s'annonce. S'y préparer et en anticiper les causes profondes reste le meilleur moyen d'avoir un sursaut à la hauteur de l'enjeu; de pouvoir mobiliser ensemble les citoyens, l'État, les corps intermédiaires et les entreprises dans une dynamique vertueuse.

Reste enfin la question de l'Europe. Lors de la crise des Gilets jaunes, elle était rarement évoquée sur les ronds-points. De la même manière, la contagion contestataire était demeurée très embryonnaire dans les autres capitales européennes.

Des choix faits par les Vingt-sept dépendront pourtant demain le profil et l'ampleur de possibles nouveaux mouvements de contestation, provoqués par ce qu'Emmanuel Macron appelait en 2018 devant ses pairs « la part légitime de colère portée par nos peuples ». L'Europe a dans les jours et les semaines à venir la mission d'anticiper cette « colère des peuples », de la contenir. Elle détient une part de la solution. La mutualisation des dettes générées par le Covid-19, en dehors de son efficacité économique en termes de capacité de relance et donc de sauvegarde de l'emploi, traduirait un véritable changement de logiciel. À travers une solidarité affichée, l'Europe propulserait une nouvelle image d'elle-même, protectrice et rassurante.

L'Europe y a tout intérêt. Les Gilets jaunes ont ébranlé la République française. Mais le mouvement s'inscrivait dans une période aux risques contenus, hors de tout contexte électoral majeur. La séquence politique à venir est totalement différente. Une nouvelle contestation radicale correspondrait à un calendrier de précampagne présidentielle. Sa récupération par les populistes de tous bords pourrait cette fois avoir une traduction en termes de conquête du pouvoir. Ce n'est pas l'intérêt de la France. Ce n'est pas davantage celui de l'Union européenne. Celle-ci doit savoir écouter ses peuples pour, dans le monde de demain, se réinventer avec eux.

COVID-19 : LES SIGNES PRÉCURSEURS DU MONDE D'APRÈS

par Jean-Claude Mailly[1] | **10 juin 2020**

Et si la crise sanitaire faisait voler en éclats le néolibéralisme et tomber les tabous autour de l'endettement des États ?

La crise du Covid-19 est exceptionnelle par sa nature et ses impacts.

Pour la première fois dans l'Histoire, la moitié de l'Humanité s'est retrouvée confinée, chaque mois de confinement mettant à l'arrêt environ le tiers des économies développées. Pour la première fois également, l'Humanité traverse une crise économique organisée par ses gouvernements, dans le but de préserver la vie.

On pressent que le « monde d'après » ne pourra pas ressembler au monde d'avant.

Dans cet article, nous allons tenter d'agréger les différents « signaux faibles » pour discerner les impacts que cette crise pourrait avoir sur notre système économique et financier, sur nos croyances collectives et sur l'ordre politique actuel.

Un retour à la normale de l'activité économique nous semble improbable dans les deux prochaines années. D'une part, les foyers de contagion sont loin d'être éteints. D'autre part, même dans l'hypothèse favorable d'une extinction soudaine du virus, les séquelles du confi-

1. Co-écrit avec Jean-Martin Cohen-Solal, Steve Ohana, Lionel Melka, Lionel Tangy-Malca.

nement, ainsi que la crainte liée au risque d'une «seconde vague», continueront à peser sur les attitudes de consommation et sur l'organisation du système de production.

Du côté de la demande, le niveau d'incertitude économique et la fermeture d'une partie de l'économie se traduisent par une hausse de l'épargne des ménages ainsi que par l'effondrement de l'investissement des entreprises.

La chute de la demande est amortie partiellement par les déficits fiscaux et les plans de relance sans précédent lancés par les principales banques centrales. Mais ces stimulus sont inégaux entre les pays – en particulier, les pays du sud de l'Europe et les pays émergents qui sont confrontés à la conjonction d'une crise sanitaire, d'une récession économique et d'un durcissement de leurs conditions de financement.

Du côté de l'offre, les incertitudes sont également très grandes. La première inconnue concerne l'impact du confinement sur la santé de la population active, facteur déterminant sur la capacité productive de nos économies à long terme. La seconde inconnue concerne les chaînes de production, qui pourraient se trouver désorganisées à long terme par les défauts en cascade, la mise à l'arrêt des usines et la mise en chômage partiel des travailleurs.

Certaines entreprises chercheront à accroître leur résilience vis-à-vis de tels événements en adoptant des modes d'organisation agiles et en relocalisant (voire robotisant) leurs chaînes de production.

La composition de l'économie pourrait être structurellement modifiée. Le secteur de la high-tech, déjà florissant, devrait étendre son emprise. Cela posera de façon plus aiguë la question de la protection des données, de la défense du commerce de proximité ainsi que celle du statut de ces nouveaux «travailleurs indépendants» qui rejoindront les plateformes telles qu'Amazon ou Deliveroo.

Sur le plan financier, la grande question est celle de l'excès d'endettement.

L'activisme monétaire des années 2008-2020 a favorisé un endettement massif de la part des acteurs privés et des pays émergents. L'excès de dette des entreprises réduit en premier lieu le potentiel de croissance future du fait de ses effets négatifs sur l'investissement et l'embauche. La crise actuelle va poser en outre la question de la soutenabilité de ces dettes dans un contexte d'activité durablement déprimée.

Sur le plan sociétal, une des caractéristiques de cette crise est son caractère à la fois inattendu et choisi. De façon exceptionnelle, les gouvernements ont, avec le consentement des populations, décidé de mettre à l'arrêt une partie importante de la sphère marchande afin de préserver la santé publique.

Cet événement marque donc une rupture avec la « période néolibérale » des années 1970 où le recours au marché permettait de réguler la vie sociale.

Pour une longue période, les individus, confinés dans la sphère familiale, sont amenés à redéfinir, à la fois individuellement et collectivement, leur identité en dehors de la sphère marchande. Cette période pourrait faire naître le désir d'un nouveau mode d'existence plus « frugal », respectueux de l'humain et de l'environnement. C'est aussi un moment de catharsis qui donne à certaines utopies, frustrations ou colères une occasion privilégiée de s'exprimer. La forme que prend la crise dans chaque nation dépend de son niveau de cohésion interne, du désir de vivre ensemble, de sa polarisation politique, ainsi que du niveau de confiance envers ses « élites ».

La crise actuelle exacerbe également les inégalités sociales : les pertes d'emploi sont concentrées au sein des populations vulnérables sur le marché du travail (jeunes actifs, femmes, minorités ethniques, travailleurs peu qualifiés et précaires), tandis que la mortalité est plus élevée chez les travailleurs sociaux et les cols-bleus. Certaines propositions politiques visant à la réduction des inégalités, comme une fiscalité plus progressive, de nouvelles régulations du marché du travail ou l'instauration du revenu universel, ne manqueront pas de s'étendre dans le débat public.

En ce qui concerne le comportement des investisseurs, le monde d'après devrait donner lieu à un besoin accru de solutions visant à satisfaire la quête de sens. On voit la notion de Responsabilité sociale d'entreprise (RSE) émerger comme un thème important. Les investissements de santé, de relocalisation, de solutions aux risques extrêmes et de bien-être dans les entreprises sont des thématiques auxquelles les investisseurs seront particulièrement sensibles.

Au niveau politique, cette crise marque une réhabilitation des États-nations et un nouvel affaiblissement du multilatéralisme. Un discours souverainiste a émergé de la part des leaders politiques, y compris de la part de ceux qui, avant la crise, étaient les plus favorables à l'ordre mondialisé existant. Les notions de contrôle migratoire, de « patriotisme économique », de souveraineté alimentaire, médicale, industrielle, voire de protectionnisme, ont le vent en poupe.

Autre impact politique déterminant de cette crise, le tabou de la dette et du financement des déficits publics. Les milieux d'affaires nous avaient prédit l'Armageddon financier en cas de hausse supplémentaire des dettes publiques, cette prédiction servant à justifier des coupes budgétaires sans précédent. Pourtant, les sommes astronomiques mobilisées en quelques semaines par les grands pays développés se sont accompagnées d'une baisse favorable des taux longs pour tous les « émetteurs de qualité ».

La fin du tabou de la dette pourrait pousser les États à réengager des dépenses d'investissement public longtemps repoussées et encourager certains pays, comme la France, à contester les règles budgétaires de Maastricht.

Cette crise sonnera-t-elle la fin de la «deuxième mondialisation» entamée dans les années 1970 ?

Contrairement aux plans de relance coordonnés qui avaient suivi la crise des *subprimes*, les réponses sanitaires, fiscales et monétaires des États s'opèrent en ordre dispersé. Certaines nations (Italie et pays émergents notamment) découvrent une nouvelle fois leur vulnérabilité et pourraient être tentées de rompre avec l'ordre économique global. Face à la montée des périls, les nations garantes du multilatéralisme semblent pour l'instant impuissantes à apporter des solutions négociées. Pendant que les nations européennes sont occupées à colmater leurs multiples fractures, les deux puissances hégémoniques, Chine et États-Unis, se livrent d'ores et déjà une lutte d'influence dont l'enjeu est le contrôle du «monde d'après».

Les indices précurseurs dont nous disposons pointent vers un monde d'après qui serait le produit d'une accélération des tendances d'avant.

Sur fond d'explosion des inégalités, la crise du Covid-19 alimente un environnement conflictuel de tout ordre, au sein des États, mais également entre les nations, qui existait avant la crise.

Il pourrait à moyen terme conduire à une intensification des conflits sociaux ainsi qu'à une remise en cause du multilatéralisme dans un contexte de crise des institutions européennes et de tension croissante des relations sino-américaines.

À plus long terme, ce retour des États-nations pourrait être le prélude à une refondation soutenable des échanges, du système monétaire et financier, dans l'inspiration des accords de Bretton-Woods.

ON NE SAUVE PAS UN BATEAU QUI COULE, ON EN CONSTRUIT UN AUTRE

par Alain Juillet | **19 juin 2020**

Au terme de trois mois de crise, les défauts graves et structurels du service public apparaissent au grand jour. Entre se contenter de colmater les fuites et reconstruire un système, il faudra choisir, et assumer.

Tiraillés entre la peur de la mort et le principe de précaution, confrontés à l'imprévision et au manque de capacité hospitalière, nos gouvernants ont dû se résoudre au confinement total du pays, avec toutes ses conséquences sur les plans économique et social. La crise sanitaire a déchiré le rideau de nos illusions face au reste de l'Europe. Après avoir voulu en être le leader naturel, nous en sommes devenus un des mauvais élèves. De surcroît, les oppositions et les incompréhensions des spécialistes sur fond d'influence des laboratoires pharmaceutiques ont durablement abîmé l'image de la médecine et de la Santé dans notre pays.

La crise du Covid-19 a démontré que notre modèle de Santé était devenu totalement inadapté à la réalité d'aujourd'hui par suite d'une série de dérives au fil du temps qu'il convient d'analyser. Comment « le meilleur système de santé du monde », selon nos ministres successifs, a-t-il pu en arriver là ?

Selon les chiffres de l'OCDE, 35% de nos emplois hospitaliers ne sont ni médicaux ni paramédicaux, contre 24% en Allemagne, soit un différentiel de 126000 personnes. Par ailleurs, 21% des fonctionnaires travaillent dans la Santé publique, contre 5% en Allemagne qui a beaucoup joué la carte du privé. Enfin, le plus important groupe hospitalier public d'Europe est l'AP-HP avec ses 100000 employés pour 7 milliards d'euros de chiffre d'affaires. Ajoutons que, pour 1000 habitants, la France a 10 infirmières et 3,3 médecins, contre 13,1 et 4,1 en Allemagne et moitié moins de lits de soins intensifs.

Comme le disait récemment Christophe Lecourtier, patron de Business France, les crises sont des accélérateurs de tendances: l'enjeu est d'être du côté des gagnants. Avec un budget par habitant assez proche mais beaucoup moins d'administration, la plupart des pays d'Europe ont traversé la crise sans confinement total, en ayant un nombre de morts très bas, allant jusqu'à quatre fois moins pour l'Allemagne par rapport à nous.

La dérive vient de loin et de multiples raisons se sont croisées pour en arriver là. Les grèves des urgentistes qui dénonçaient le manque de moyens dans les hôpitaux publics ont caché la dérive du nombre croissant de patients qui, pour diverses raisons plus ou moins avouables, ne voulaient pas passer par un médecin généraliste. Les grèves des infirmières du secteur public, mal payées et se plaignant de leur charge de travail, ont caché la mise en œuvre d'un plan drastique de réduction des lits et du personnel soignant pour comprimer les coûts. Pendant ce temps, le remboursement total des médicaments a permis aux laboratoires pharmaceutiques de négocier leurs marges avec les mutuelles et l'Assurance maladie, et à certains spécialistes d'encourager le malade à la surconsommation, bien qu'il y ait eu des efforts de contrôle.

On n'a pas suffisamment réagi quand la Direction générale de la Santé, avec ses agences régionales pléthoriques, a lancé un plan d'économies pluriannuel dans lequel il fallait rogner sur toute la partie médicale sans pouvoir toucher aux fonctionnaires de l'administration. Dans le même temps, sous la pression de Bercy cherchant d'autres économies, on a cru bien faire en supprimant les stocks stratégiques de produits de première nécessité en cas de pandémie, comme les masques et les gels, et en n'investissant pas dans les tests. En résumé, en voulant faire de la santé une activité économique comme une autre, avec des objectifs de marge et de réduction de coûts, on a oublié l'humain et la spécificité des problèmes de santé. Pis, devant l'ampleur du nombre de malades, certains hôpitaux débordés n'ont pas hésité à sélectionner les malades les moins âgés pour bénéficier des traitements de réanimation tandis que de grands professeurs recommandaient aux plus de 60 ans de rester confinés jusqu'à la fin d'année avec toutes les conséquences que l'on imagine. Si l'on ajoute les querelles d'experts sur l'efficacité d'un médicament à 5 € utilisé depuis soixante-dix ans contre le paludisme par rapport à ceux coûtant 100 fois plus cher fabriqués par d'autres grands laboratoires, une évidence s'impose: tout est à revoir.

Une bonne gouvernance se conçoit, se planifie, se réalise, et s'améliore à partir d'une vision et d'objectifs clairs dans la durée. Elle suppose une capacité d'anticipation, une bonne connaissance de l'outil et de son environnement, des formations adaptées et une capacité d'adaptation et de remise en cause au vu des résultats.

Comme ont commencé à le faire certains médias et les organisations internationales, il faut regarder comment est organisée la Santé dans tous les grands pays qui ont passé la crise mieux que nous. En comparant les points forts des autres et nos faiblesses, on pourra imaginer un système plus efficace en se fondant sur des réussites réelles et non sur des réflexions de technocrates ignorants des réalités du terrain. C'est ce qu'on appelle faire de l'intelligence économique. Loin des grands pontifes et des experts, qui nous ont doctement conduits sur la voie de l'échec avec ses conséquences humaines, soyons pragmatiques et réalistes. Fuyons les lobbies en tous genres qui voudront nous imposer un nouveau système leur permettant de gagner plus sur le dos de l'État et des malades. Apprenons aussi à anticiper, car notre machine bureaucratique, au-delà des explications mensongères, a mis deux mois à réagir sur les masques et les tests après avoir reçu les premières informations de l'OMS et des Chinois sur la pandémie.

L'analyse du passé récent pose le problème des personnalités sélectionnées pour réaliser le Ségur de la Santé. Si l'on prend ceux qui étaient au pilotage durant la crise ou leurs doubles de tous bords, on court à l'échec. Rien ne bougera sérieusement car ils ont fait la preuve de leur incapacité à se remettre en cause. C'est d'autant plus important que la mise en œuvre de ce changement impératif se fera dans un environnement économique et social très difficile. Pourtant, c'est une nécessité absolue car la France ne survivra pas à un second confinement. Suite à la première crise, nous nous retrouvons avec un déficit double de celui de l'Allemagne qui devient la première puissance européenne, et nous sommes obligés d'emprunter la totalité de notre plan de relance quand elle procède à une relance d'un montant triple du nôtre dont la majorité est payée pas ses réserves.

Notre pays sait rebondir et l'a toujours fait dans l'Histoire, mais, aujourd'hui comme hier, il ne pourra recréer un système de Santé conforme à l'espérance générale que si nous avons une vision claire du futur, des objectifs précis avec des étapes et une volonté dans la durée.

L'UNION EUROPÉENNE EN RÉANIMATION : PRONOSTIC VITAL ENGAGÉ

par Joséphine Staron | **3 avril 2020**

Les uns après les autres, les États européens se confinent. Tous les regards se tournent alors vers l'Union européenne, la grande absente de ce début de crise. Saura-t-elle réagir, et si oui, comment ?
Cet article a fait l'objet d'une publication dans* Atlantico *le 1er avril 2020.

Symptômes

L'Union européenne (UE) semble être victime du même virus qui touche plusieurs centaines de milliers de personnes dans le monde : le Covid-19. Elle en montre du moins tous les symptômes.

Les marchés économiques et les États toussent : les bourses s'affolent, les liquidités s'échappent, le modèle capitaliste s'enrhume, les démocraties se confinent. La toux gagne aussi les institutions européennes et leurs représentants dont la voix ne porte plus : ils sont aphones. La fièvre monte du côté des États membres de l'UE qui adoptent des comportements égoïstes, à mille lieues de « l'esprit de solidarité » inscrit dans les traités européens : les frontières intérieures se ferment les unes après les autres, sans concertation ni décision commune, au moment même où la Turquie décide d'ouvrir la sienne et de laisser pénétrer des milliers de réfugiés sur le territoire grec, faisant fi de l'accord passé en 2016 avec l'UE.

Cette fièvre généralisée provoque panique et désorganisation: des États européens subtilisent du matériel médical destiné à leurs voisins; l'afflux migratoire en Grèce est passé sous silence (qu'ils se débrouillent!); l'Italie n'a d'autre choix, face au manque de solidarité européenne, que de se tourner vers la Chine pour obtenir l'aide dont elle a besoin. L'état de santé de l'UE se détériore rapidement. Elle est en insuffisance respiratoire, à bout de souffle, étouffée par ses symptômes qui ne semblent pas près de se résorber. C'est désormais officiel: son pronostic vital est engagé.

Diagnostic

Si ces symptômes ressemblent à ceux du Covid-19, un diagnostic plus précis nous pousse à identifier le mal chronique dont souffre l'UE et que la crise sanitaire actuelle n'a fait que confirmer: l'absence flagrante de solidarité.

En effet, ce n'est pas la première fois (et peut-être pas la dernière non plus) que ces symptômes apparaissent: la construction européenne, si elle constitue une entreprise de solidarisation des États, a connu de nombreux épisodes ou crises qui ont soit résulté dans une avancée en matière de solidarité européenne (la crise économique de 2008, par exemple), soit dans un recul et un repli sur des positions égoïstes, non solidaires (comme dans le cas de la crise migratoire depuis 2015).

Mais, cette fois-ci, la crise du Covid-19 (celle de trop?) a envoyé l'UE directement en réanimation: les symptômes étaient trop forts, l'absence de solidarité trop visible. Contrairement à l'illusion qui a longtemps accompagné la construction européenne, la crise actuelle révèle une douloureuse vérité: l'UE n'est pas immunisée face aux menaces, elle n'est donc pas immortelle. Si elle n'a pas été capable d'adresser une réponse commune et de mettre en place des actions coordonnées, ce n'est pas faute d'une compétence «santé», mais bien parce qu'elle est devenue structurellement incapable d'anticiper une situation de crise et d'entreprendre les actions nécessaires pour y faire face. En d'autres termes, elle ne remplit pas sa mission première, celle qui lui conférait sa légitimité: assurer la protection et la sécurité des Européens.

Si l'UE ne protège pas, alors à quoi sert-elle? C'est la question que se poseront de nombreux Européens à l'issue de cette crise, et à laquelle il faudra rapidement trouver une réponse si l'on souhaite réanimer le projet européen.

Traitement

Quelle que soit l'issue de la crise sanitaire, le chemin de la guérison sera long, pour l'UE, bien sûr, mais aussi pour les États. Dans un premier temps, et les institutions européennes semblent l'avoir compris, les efforts doivent se concentrer sur l'objectif de faire baisser la fièvre. En suspendant ses règles d'or budgétaires pour faire face aux conséquences économiques de la crise, l'UE a démontré sa faculté d'adaptation, elle serait donc moins en proie à l'inertie qu'elle n'y paraît.

Mais, pour donner un sens au concept de solidarité européenne et démontrer sa valeur ajoutée, l'UE devra être en mesure, à l'avenir, de sanctionner les manquements des États à leurs devoirs de solidarité. Le comportement égoïste de certains pays ne peut être toléré. Pour que le système européen redevienne légitime et fasse la preuve de son efficacité, chacun (État, citoyen, entreprise) doit pouvoir faire l'expérience de la solidarité européenne et des conséquences de son absence.

Le deuxième temps de la guérison, une fois le gros de la crise passé, sera donc nécessairement celui de la reddition des comptes et celui des sanctions. Car nous oublions souvent que l'appartenance à l'UE n'implique pas uniquement de nouveaux droits. Elle implique aussi des devoirs.

Mais la reddition des comptes ne devra pas uniquement concerner les attitudes des États pendant la crise. Ceux-ci, tout comme les institutions européennes, devront être en mesure d'expliquer pourquoi personne, ni au niveau national, ni au niveau européen, n'a été en mesure de prévoir un tel scénario ? Pourquoi les préconisations du rapport de Michel Barnier (que tous semblent découvrir pour la première fois alors qu'il a été remis aux institutions européennes en 2006) n'ont-elles pas été appliquées ou, du moins, plus longuement débattues ?

Ces questions interrogent le modèle politique, économique et social des États européens, ainsi que l'orthodoxie économique européenne, qui ont conduit à prioriser certains risques au détriment d'autres, ayant notamment pour conséquence un affaiblissement général et progressif des systèmes nationaux de santé et de solidarité sociale.

Ce deuxième temps de la guérison est central, puisqu'il impliquera une sorte d'introspection, une évaluation de la construction européenne, de ses écueils, de ses succès, et surtout de ses finalités. Ce que la crise sanitaire aura révélé, c'est l'incapacité de l'Europe à prévenir les risques transnationaux, et le besoin désormais vital de renforcer son autonomie dans des secteurs d'intérêt stratégique.

Ce n'est qu'après ce temps de l'évaluation qu'un projet européen renouvelé peut voir le jour, tirant les leçons de la crise actuelle et des crises passées. En l'état actuel, ce nouveau projet pourrait prendre trois directions différentes : l'Europe-marché ; l'Europe fédérale (hautement improbable), l'Europe souveraine, condition de l'Europe-puissance. C'est cette troisième voie qu'il faut espérer et encourager.

L'appartenance à l'UE doit permettre aux Européens d'être souverains, c'est-à-dire de maîtriser leurs conditions d'existence, d'être en capacité de prendre des décisions et d'agir afin de défendre et protéger leurs préférences politiques, économiques, sociales, mais aussi culturelles et identitaires.

C'est ce que recherche chaque État européen et qui constitue la promesse initiale de la construction européenne: donner à l'Europe les moyens de sa souveraineté, donc de son autonomie, dans un contexte de dépolitisation accrue du marché et des acteurs économiques, de crise du multilatéralisme et de remise en cause de l'équilibre géopolitique tel que nous le connaissons, de multiplication des défis et des risques transnationaux contre lesquels les États ne peuvent, seuls, se prémunir (comme l'a démontré la crise sanitaire).

Mais ce que la crise du Covid-19 aura également révélé, c'est que la souveraineté et l'autonomie individuelle (de chaque État membre) dépendent de la souveraineté collective ou européenne (de tous les États membres). L'unique moyen pour les États de maîtriser efficacement leurs conditions d'existence réside ainsi dans le renforcement de la solidarité européenne.

Espérons que, une fois la fièvre retombée, les États européens perçoivent et acceptent cette réalité. Sinon, nombreux sont ceux qui sauront tirer avantage de notre aveuglement.

LE COVID-19 IMPACTERA-T-IL LE DÉRÈGLEMENT DU CLIMAT?

par Jérôme Ferrier | **22 avril 2020**

Si la crise sanitaire blesse l'humanité, elle réjouit la planète: nous polluons beaucoup moins! Saurons-nous profiter de « ce mal qui fait du bien » pour accélérer la nécessaire transition écologique?

L'émotion qui nous étreint face au mal invisible qui nous assaille et frappe indistinctement serait-elle l'occasion d'une prise de conscience inespérée de la nécessité d'affronter durablement le dérèglement du climat?

C'est la question à se poser au moment où les prix des hydrocarbures atteignent des niveaux historiquement bas dont nous ne pouvons profiter, puisque nous sommes confinés dans nos logements. À quoi cela sert-il de payer moins cher son carburant quand on est contraint à l'immobilisme ou que les prix du chauffage baissent alors que les beaux jours reviennent et entraînent une baisse naturelle de la consommation?

Ce que les COP successives ont rêvé, le coronavirus contribuera-t-il à le réaliser?

Astreints à domicile, nous constatons lors de nos rares sorties combien l'atmosphère, notamment dans nos centres urbains, s'est améliorée. Les images satellitaires montrent chaque jour la disparition des nuages toxiques au-dessus de grandes métropoles comme Pékin ou New Delhi.

La fin de la guerre des prix entre certains États producteurs ne sera pas suffisante pour rétablir des prix jugés raisonnables.

Au mieux, elle stabilisera les prix après leur chute brutale. C'est lorsque la demande remontera et que les stocks en train de se constituer massivement se résorberont que les prix des hydrocarbures pétroliers et gaziers retrouveront un niveau compatible avec la poursuite des investissements nécessaires à la reprise de la croissance. L'horizon s'éclaircira-t-il à l'automne 2020 ou faudra-t-il attendre le 1er semestre 2021 ? Les conditions du déconfinement en Europe auront un impact important, mais en Amérique du Nord et naturellement en Asie elles seront déterminantes.

D'ici là, la chaîne de distribution énergétique devra être en mesure de faire face à la reprise de la demande le moment venu, dans des conditions totales de sécurité. Les installations de production, les centrales électriques, les réseaux de distribution du gaz ou de l'électricité qui contribuent à l'ensemble de l'approvisionnement énergétique et dont le fonctionnement est indispensable aux besoins domestiques ou industriels doivent être maintenus à l'optimum.

Mais cette situation d'immobilité contrainte dans laquelle nous sommes entrés pour plusieurs semaines peut avoir des conséquences inattendues. Nous voyageons moins, mais était-il indispensable de voyager autant ? Le télétravail à domicile révèle ses atouts et nous nous habituons à un mode de fonctionnement efficace dont nous découvrons les avantages.

Quant à notre vie sociale, même limitée, elle a trouvé dans les outils numériques un moyen de raviver les contacts et l'intérêt que nous portons les uns envers les autres.

Ainsi, une consommation énergétique individuelle en baisse contribuerait à accélérer l'efficacité énergétique indispensable pour atteindre les objectifs de décarbonation.

Ce mal qui s'est abattu avec brutalité et de manière imprévisible pourrait générer des effets bénéfiques inattendus dans nos relations sociales, mais aussi dans nos modes de vie et de consommation, ce qui sera de nature à impacter favorablement le changement climatique.

LE COVID-19 AU SECOURS DE L'EUROPE

par Xavier d'Audregnies | **27 avril 2020**

En agissant comme un révélateur des faiblesses systémiques de la construction européenne, la crise sanitaire bouscule l'Union européenne dans son principal fondement, celui de l'union des États, et questionne sa légitimité vis-à-vis des Européens.

L'Europe serait désormais le principal foyer du Covid-19, ayant dépassé la Chine. Pourtant, elle est trois fois moins peuplée. Elle dispose, comme cela nous a souvent été répété, d'une supériorité technique sur la Chine qui sort à peine du sous-développement. Enfin, l'Europe avait à sa disposition deux mois de «profondeur stratégique» qui lui auraient permis d'anticiper la vague épidémique. Voilà de quoi perdre de sa superbe!

En vérité, l'Europe a montré ses faiblesses, comme institution, comme groupe de pays et comme communauté humaine.

L'Union européenne (et ses organes: la Commission, le Conseil, les agences spécialisées, etc.) a été aux abonnés absents. Il n'y a eu aucune réaction de la part de Bruxelles, pas le plus petit avion sanitaire, ou le plus petit hôpital de campagne porteur du drapeau bleu qui aurait été déployé aux avant-postes, en Italie. L'Union a été incapable de contrôler ses frontières extérieures et, au contraire, a laissé les États membres fermer les frontières intérieures, en violation de Schengen et surtout du bon sens le plus élémentaire. Elle n'a pas su mettre à profit les quelques semaines de délai précédant l'arrivée du virus pour constituer un stock stratégique de matériel de lutte (masques, combinaisons, respirateurs, etc.). Elle n'a pas su organiser les ressources humaines – médecins, infirmières, soignants, logisticiens – à l'échelle qui convenait, celle du continent.

Il sera possible de trouver toutes les bonnes raisons juridiques pour répondre à ces accusations: que la santé n'est pas une compétence communautaire, que les marchés publics européens prennent du temps pour être lancés, que le Conseil n'a pas su trancher. Reste que l'Union, en tant qu'institution, s'est disqualifiée aux yeux de ses propres citoyens en n'étant pas capable de les protéger face à un péril commun, et en étant incapable d'incarner la solidarité des populations du continent.

Les États de l'Europe ne sortent pas non plus grandis de cet épisode. Lorsque l'Italie, première région touchée, a été submergée, elle n'a pas demandé d'aide. Cela l'aurait conduite à reconnaître son impuissance, pour ce pays qui se veut l'égal des grands. La fierté l'a poussée à se débrouiller seule. Mais il eût fallu lui envoyer de l'aide quand même. Le symbole eût été fort, de camions, de tentes, de médecins et de militaires français, allemands ou espagnols dans la plaine padane! Au lieu de cela, certains pays, comme l'Autriche et la Slovénie, ont cru bon de fermer leurs frontières avec l'Italie.

Pis, même, les États ont été incapables de s'entendre sur la stratégie à mener. Fallait-il confiner ou pas? Aujourd'hui encore, les Pays-Bas et la Suède poursuivent la stratégie de non-confinement afin d'immuniser progressivement leur population. Fallait-il tester massivement (comme l'a fait avec succès la Corée du Sud, et maintenant l'Allemagne) ou, au contraire, tester seulement les cas déclarés? Fallait-il utiliser la chloroquine en première intention? Chaque pays a élaboré sa stratégie dans son coin, avec ses propres autorités médicales, ses propres chercheurs, ses propres épidémiologistes.

En vérité, cette crise sanitaire traduit bien le vice caché de la construction européenne, dont elle n'arrive pas à se guérir: l'Union européenne a été conçue uniquement comme un espace de liberté économique.

La liberté

Le principe premier de l'Europe, c'est que chacun (individus, firmes, ou États) fait ce qu'il veut – la régulation au nom de l'intérêt commun devant être l'exception. La liberté, c'est l'individu-roi. Ainsi l'Union est-elle, dans son essence, incapable de penser l'intérêt général ou le service public, celui des citoyens.

L'économique

La croyance qui fonde l'édifice européen, c'est que l'économie commande le reste, et qu'en améliorant l'efficacité du fonctionnement des entreprises le bonheur des peuples suivra. C'est une sorte de foi en des mécanismes suprahumains, presque divins, en tout cas largement imaginaires et fantasmés. La «main invisible du marché» (théorie qui date du XVIIIe siècle!); le «ruissellement» de la prospérité des riches vers les pauvres; l'idée selon laquelle l'égoïsme bien compris de tous fait l'optimum général; l'idée selon laquelle le privé ferait bien les choses et le public serait condamné à l'impuissance et à l'obésité ; l'idée selon laquelle moins il y a de réglementation, mieux c'est (Ronald Reagan ne disait-il pas : « L'État, ce n'est pas la solution, c'est le problème » ?) ; et ainsi de suite.

Fonder une construction politique sur les prémisses que l'homme est cupide et manœuvré par ses seuls intérêts conduit forcément à un système qui ne sait pas agir pour le bonheur des citoyens. Parce qu'il ignore la condition humaine, dans son épaisseur, ses beautés et ses ombres.

C'est pourquoi l'Union européenne est incapable de comprendre ce qu'est un citoyen, un peuple ou une nation. Or une construction institutionnelle doit être un projet dans lequel les gens, les vraies gens, de chair et d'os, avec leurs rêves et leurs espoirs, avec leurs élans à la fois sublimes et cupides, y trouvent leur compte. Sinon, ce régime disparaît (comme ont disparu les aristocrates d'Ancien Régime qui ne voulaient plus faire la guerre). La légitimité d'un système politique, c'est son utilité pour les citoyens, c'est aussi simple que cela.

LA MONDIALISATION FACE AU DÉFI DU COVID-19

par François Georges | **5 mai 2020**

Surprise totale! Il a suffi d'un virus pour stopper la mondialisation, acter le repli sur soi des États, et paralyser toute forme de coordination et de solidarité à l'échelle internationale.

Alors que nous devons faire face à une très violente pandémie qui touche l'ensemble de l'humanité, la mondialisation, selon certains, serait à l'origine de tous nos maux en raison de l'extension très rapide du virus et de la dépendance des pays aux chaînes de valeur mondiales pour s'approvisionner en matériel médical, prônant une « démondialisation » de toute urgence et le retour à la souveraineté des États.

On peut pourtant douter de cette approche quand on voit le désolant spectacle des États luttant entre eux pour s'approprier des stocks de masques ou de médicaments, ou des engagements de production futurs au détriment d'autres pays plus vulnérables, tout en faisant appel à des intermédiaires douteux. Ne nous y trompons pas, le retour à une production nationale de produits stratégiques n'empêchera pas la dépendance vis-à-vis de pays tiers pour l'approvisionnement de certaines matières premières n'existant pas sur le territoire français (hévéa, curare...). Comme on le voit, cette dépendance aux chaînes mondiales d'approvisionnement n'a pas pour origine une mondialisation débridée, mais est le fruit d'une industrialisation de nos sociétés qui n'a été possible qu'en mobilisant les ressources de la planète : les biens, mais aussi les personnes et les connaissances. On est en droit de penser que la libre circulation de millions d'individus à travers le monde, en particulier par voie aérienne, doit plus au progrès technologique dans le domaine du transport qu'à la mondialisation de l'économie.

On peut aussi constater que les pays qui s'en sortent le mieux, comme Taiwan ou la Corée du Sud, sont très intégrés dans les chaînes de production internationales. Plus près de nous, l'Allemagne, dont le PIB dépend à 30 % de ses exportations, est souvent citée comme faisant mieux face à la pandémie que d'autres pays européens.

C'est pourquoi une coordination internationale aurait été absolument nécessaire, au lieu du repli sur soi, pour assurer un approvisionnement d'urgence en masques et autres équipements médicaux là où la pandémie était la plus sévère. Nous devons être convaincus que la mondialisation n'est pas le problème mais fait partie de la solution. En effet, c'est en mutualisant l'information ou en développant la coopération scientifique au niveau international que l'on pourra plus vite trouver le bon traitement, le bon vaccin. C'est aussi en partageant les bonnes pratiques des entreprises au niveau mondial que l'on pourra lutter plus efficacement contre la pandémie, limiter sa propagation et son effet destructeur sur l'économie mondiale. C'est le sens de l'enquête menée actuellement par l'OMS et la Chambre de commerce internationale auprès des entreprises et lancée dès le 16 mars dernier[1].

Dans ce contexte, les organisations intergouvernementales créées pour la plupart à la suite de la Seconde Guerre mondiale pour en éviter une troisième et contribuer à un système de gouvernance mondiale doivent être soutenues, au lieu d'être critiquées. Comme le souligne Bill Gates, « nous avons besoin d'institutions mondiales fortes pour lutter contre les pandémies, le bioterrorisme, le changement climatique, car ce sont des problèmes que même le pays le plus riche ne peut résoudre seul ». Pour terminer, je voudrais prendre l'exemple de l'OMC et son rôle dans la lutte contre la pandémie. Même si l'action sanitaire relève des États, les règles du multilatéralisme commercial contribuent à limiter les entraves au commerce des produits vitaux et facilite, de manière transparente et équitable, la circulation des biens nécessaires à la lutte contre le virus dans le monde entier.

1. https://survey3.medallia.com/?icc-who-covid-19

POUR UN PACTE VERT EUROPÉEN RÉUSSI !

par Michel Derdevet[1] | **20 mai 2020**

Il ne peut pas y avoir d'Union européenne durable sans apporter la preuve que l'Union est bénéfique et utile pour les Européens. Avec son Pacte vert, l'UE encourage les États à converger dans la même direction, celle de la transition écologique. Un mouvement qui pourrait s'accélérer sous l'effet de la crise sanitaire. Cet article a fait l'objet d'une tribune publiée dans* L'Opinion *le 15 mai 2020.

Le « New Deal » de Roosevelt qui a permis de sortir de la crise de 1929 et la politique de reconstruction adoptée en France à la Libération ont un point commun : l'investissement massif dans des infrastructures, notamment énergétiques. D'où la Tennessee Valley Authority pour la production d'électricité aux États-Unis et le plan d'équipement de grands barrages et le développement du réseau de haute tension en France. Après l'imparable et profonde récession de 2020, on peut espérer un rebond de la consommation et de l'investissement privés, même si le rattrapage ne sera que partiel. Cela ne suffira pas, car beaucoup de ménages et d'entreprises vont se trouver en situation de précarité et de difficultés financières.

Quant aux États, ils seront mobilisés par le sauvetage immédiat de pans entiers de leur secteur industriel. Parallèlement, la transition énergétique engagée dans le cadre du Pacte vert (« Green Deal ») de la Commission européenne exigera à l'évidence un financement dédié, et des réseaux modernisés et digitalisés. Rien qu'en France, le chiffrage des opérateurs de

1. Tribune co-signée par : Michel Derdevet, membre de Synopia et vice-président de la Maison de l'Europe de Paris ; Christian de Boissieu, vice-président du Cercle des Économistes ; Jacques Percebois, professeur émérite à l'Université de Montpellier.

réseaux électriques, avant la crise, était de 100 milliards d'euros d'ici 2035. On voit donc que, sur le plan européen, les besoins seront massifs. Investir dans le renforcement des réseaux européens de transport et de distribution d'électricité, dans les interconnexions électriques européennes, mais aussi dans la transformation des infrastructures de distribution en *smart grids*, permettrait d'améliorer le service public de l'énergie en France et de relancer la solidarité énergétique européenne, en augmentant les échanges aux frontières. Cela irait dans le sens du « Green Deal ».

Car ces réseaux participent de la collecte des énergies renouvelables, diffuses et territorialisées, qui constitueront à l'horizon 2050 une part essentielle de l'Europe décarbonée en perspective, comme souligné dans le récent rapport *Les réseaux électriques, vecteurs du nouveau modèle européen décarboné*, publié par Synopia. On pourrait y associer un plan massif de développement des recharges électriques afin de relancer la mobilité verte, ce qui indirectement pourrait aider le secteur automobile et favoriser la mobilité durable au sein de l'Union. Bien sûr, d'autres secteurs seront également demandeurs comme ceux de la santé et des réseaux numériques, qui ont montré à quel point ils étaient incontournables.

Mais il faut raisonner en termes de complémentarité et non de substituabilité des efforts. Les réseaux énergétiques sont au cœur de la solidarité territoriale, et ce sont des investissements qui génèrent des emplois à court terme et des recettes sur longue période, puisqu'ils profitent aussi bien aux générations futures qu'à la génération présente. De plus, ce sont des actifs et des activités non délocalisables, ce qui est essentiel pour que la relance européenne profite aux Européens. Leur rémunération est stable sur longue période, entre 5 et 6 % en moyenne, puisqu'elle est régulée, ce qui n'est pas le cas des investissements dans la production beaucoup plus sensibles aux aléas du marché. On peut le faire aussi dans l'efficacité énergétique des bâtiments, mais un investissement public massif est ici, sans doute, plus efficace. Si l'on veut éviter un financement monétaire des investissements dans les infrastructures, qui serait incohérent avec leur nature même, il faut pouvoir drainer l'épargne de précaution, considérable, qui s'est accumulée ces derniers mois.

Une partie de cette épargne restera liquide, compte tenu des incertitudes, mais le reste pourrait être mobilisé par l'intermédiaire de l'émission de *networks bonds*, un système d'ailleurs souhaité par plusieurs pays européens, malgré les réticences allemandes ou hollandaises. Pour le citoyen français, ce serait un placement garanti, surtout si ces « obligations réseaux » sont mutualisées parmi plusieurs États européens. On pourrait également envisager la création d'un livret d'épargne européen affecté au financement des infrastructures, pour ceux qui préféreraient une épargne plus facilement mobilisable que les obligations. Quel que soit le véhicule choisi, une chose est certaine : connecter la relance économique et la transition écologique est une ardente obligation. Cela passe par beaucoup d'imagination... et un peu d'audace et de courage !

IL NOUS RESTE DIX ANS POUR SAUVER LA PLANÈTE

par Florence Provendier | **5 juin 2020**

Face aux menaces qui s'accumulent, le déclaratif ne suffit plus et le passage à l'acte n'est plus une option. Reste à choisir le mode d'action : subir ou anticiper.

Nous célébrons ce 5 juin la Journée mondiale de l'environnement, dont l'édition 2020 est centrée sur la question de la biodiversité. Et si les Objectifs de développement durable (ODD) devenaient notre boussole politique ? À l'initiative de l'Organisation des Nations Unies, cette journée nous invite à penser la préservation de l'environnement comme notre bien commun.

L'Agenda 2030, un horizon social et écologique

Une actualité qui résonne de façon particulière en cette année qui aura vu la moitié de la planète confinée et affronter une pandémie historique. Des enjeux sanitaires qui nous rappellent qu'il y a urgence à traiter les défis climatiques dès maintenant. Pour ce faire, nous disposons d'une feuille de route adéquate : les ODD adoptés en 2015 par 193 pays membres de l'ONU. Soit 17 objectifs déclinés en 169 cibles qui répondent aux défis mondiaux auxquels nous sommes confrontés.

Il y a cinq ans, nous fixions collectivement un horizon social et écologique ambitieux à échéance 2030. La crise sanitaire que nous vivons doit nous inviter à aller plus loin et plus vite dans la mise en œuvre de cet agenda. Les ODD, succédant eux-mêmes aux Objectifs du Millénaire pour le Développement, fixent les conditions pour répondre aux enjeux que le monde a en commun : ceux liés à la pauvreté, aux inégalités, au climat, à la dégradation de l'environnement, à la prospérité, à la paix et à la justice. C'est le cas, aujourd'hui, de l'environnement, qui est directement visé par les Objectifs 14 et 15 qui tendent à préserver les écosystèmes aquatiques et terrestres, conditions d'un futur souhaitable pour notre planète.

Faire des 17 ODD notre boussole politique

Après cinq ans et malgré l'urgence, la mise en œuvre de cet Agenda 2030 tarde à ~~arriver~~se faire et repose sur le volontariat des États. Nous ne pouvons pas laisser l'avenir du monde aux impératifs dépendant de la Realpolitik du quotidien. Pour être efficaces, les ODD doivent objectiver l'ensemble de nos décisions publiques nationales comme celles des collectivités territoriales. Chacune de nos lois doit être pensée via ce prisme, telle une grille de lecture qui doit guider nos réflexions, nos décisions et notre ambition. À l'Assemblée nationale, par exemple, nous amendons presque quotidiennement des projets ou propositions de lois qui dessinent l'avenir de notre pays.

Prenons l'exemple, bien connu des constitutionnalistes et pas assez du grand public, de l'article 40 de la Constitution qui précise que ces amendements ne sont pas recevables lorsque leur adoption aurait pour conséquence une diminution des ressources publiques, la création ou l'aggravation d'une charge publique.

Si nous sommes capables de porter autant d'attention à nos finances, il devrait en être de même de notre existence. Imaginons que, demain, nous ne puissions plus adopter d'amendements non conformes au respect des ODD comme le propose mon collègue le député Pierre-Alain Raphan dans sa proposition de loi constitutionnelle à laquelle j'apporte tout mon soutien. Imaginons que, demain, l'Agenda 2030 devienne notre priorité dans notre quotidien de citoyen. Imaginons que le jour d'après soit aussi celui du respect de nos engagements passés. Il nous reste dix ans – pour tout changer.

PAS DE SOUVERAINETÉ EUROPÉENNE SANS DÉFENSE COMMUNE

par le Général (2S) Vincent Desportes | **3 septembre 2020**

Pour penser et organiser sa défense, l'Union européenne ne trouvera pas de meilleur* momentum *que celui que nous traversons. Reste à espérer que les dirigeants européens sachent profiter de cette – dernière ? – chance. Cet article a fait l'objet d'une publication dans* Marianne, *du 28 août au 3 septembre.

Mali, Méditerranée orientale, Niger et même cyberespace... Les situations de conflit apparaissent partout et l'Europe semble les bras ballants. Elle doit pourtant assumer une stratégie de puissance.

Dans la succession des crises qui secouent le monde, que fait l'Europe ? Rien, ou trop peu. Tension politique en Biélorussie, chantage turc aux réfugiés, coup d'État au Mali, chaos guerrier en Libye, autodestruction du Yémen : l'Europe, première puissance économique, regarde presque passive se régler des problèmes qui la concernent au premier chef ! Sur le plan international, elle paraît absente et compte sur d'autres pour garantir ses lendemains.

Face à des États-Unis erratiques, une Russie agressive, une Chine conquérante, face à des menaces sécuritaires émergentes et de nouveaux défis stratégiques, l'Europe doit balayer ses illusions pour saisir le monde tel qu'il est, forgé de souverainetés et de puissances. Et si nous, Français, voulons rester ce que nous entendons être, notre discours et nos actes ne peuvent qu'être européens.

Un nouvel environnement stratégique

Premier constat : le démantèlement du monde créé à San Francisco en 1945, tué par ceux qui l'ont créé. Dès l'origine, le ver était dans le fruit. L'architecture multilatérale du 26 juin 1945 supposait l'égalité des membres et leur acceptation du principe de souveraineté limitée. Très vite, les États-Unis ont estimé que leur « destinée manifeste » leur demandait de dominer le monde : ils n'avaient donc pas à se plier à la règle qu'ils avaient eux-mêmes établie. Ils la rejettent aujourd'hui : le multilatéralisme serait la source de tous leurs maux.

Deuxième constat : la croissance des tensions militaires. En 2019, les dépenses militaires mondiales ont atteint leur apex depuis la fin de la guerre froide. Le budget militaire des États-Unis, avec 732 milliards de dollars en 2019, en augmentation de 5,3 %, représente 38 % du total. Celui de la Chine, en hausse constante, est, avec 261 milliards de dollars, le deuxième mondial, cinq fois ce qu'il n'était il y a seulement quinze ans. L'Inde a accru son budget de 6,8 % pour le porter à 71,1 milliards de dollars. En Europe, la Russie fait la course en tête, augmentant son budget de 4,5 % : avec à 65,1 milliards de dollars, elle se situe dans le top 5 des puissances militaires.

Troisième constat : la franche détérioration de la relation transatlantique. Son histoire a toujours été subordonnée à la vision des États-Unis : une Europe solide mais vassale, sans leadership, qui ne leur fasse pas d'ombre. Leur but ? Maintenir l'Europe en constant devenir ! Les États-Unis n'ont jamais aidé les Européens à s'affirmer et parler d'une seule voix, les en décourageant même. Depuis 2017, le phénomène s'est accéléré. Le président américain retire ses troupes de Syrie sans concertation avec ses alliés européens contre lesquels il mène sa guerre commerciale. Il fait l'apologie du Brexit et critique l'OTAN. Au plus fort de la pandémie, la règle a été celle de l'égoïsme et de l'indifférence envers ses alliés traditionnels.

Quatrième constat : la montée dominatrice de la puissance chinoise. La volonté de son président est claire : faire de son pays la première puissance économique et militaire en 2049. La Chine veut imposer son modèle dans un nouvel ordre mondial dont les États-Unis et l'Europe auraient perdu le leadership. Encore récemment, les dirigeants occidentaux balayaient ces réalités dérangeantes. Ce n'est plus possible : la dépendance est devenue criante dans les domaines industriels et ceux des ressources critiques.

Peut-on croire au retour de l'Amérique ?

Le découplage Europe - États-Unis peut-il être corrigé ? Non : nous appartenons déjà à deux planètes différentes. Écoutons le président des États-Unis : « *America first only* » ou, pis : « Je crois que l'Union européenne est un ennemi pour les États-Unis.» Inexorablement ceux-ci se tournent vers le Pacifique. De plus en plus asiatiques, de plus en plus hispaniques, de moins en moins «caucasiens», les Américains deviennent chaque jour un peu moins européens: dès 2040, la population d'origine européenne sera devenue minoritaire. Ce pivot vers l'Asie ne traduit d'ailleurs que la réalité stratégique. Les États-Unis, affranchis de leur dépendance énergétique à l'égard du Proche-Orient, connaîtront de brefs regains d'intérêt pour l'Europe, mais pas d'illusions: même avec Biden, la tendance ne s'inversera pas. Le président Obama se disait déjà le premier *président du Pacifique*...

Il est donc fort hasardeux pour l'Europe de lier son destin à celui des États-Unis. Pourtant, plus le parapluie américain est une chimère, plus les Européens s'y accrochent; hélas, en leur donnant un faux sentiment de sécurité, l'OTAN est devenue un frein politique à l'unité européenne et un ferment de déresponsabilisation. Elle est, en ce sens, devenue une menace pour la sécurité de la France et de l'Europe.

Le monde a besoin d'Europe

L'Europe est-elle nécessaire? D'évidence oui, puisque l'Occident a perdu son leader, les États-Unis ayant trahi leurs pères fondateurs et leurs alliés comme d'ailleurs les principes philosophiques et moraux qui ont fait leur grandeur.

Pour combler cette déliquescence, notre monde dérégulé a besoin de l'Europe, une Europe mature, née d'affrontements fraternels meurtriers, puis des «Lumières», puis de massacres encore, une Europe devenue raisonnable, pôle de sagesse et d'équilibre par le sang versé, porteuse des valeurs humanistes, dans un monde qui court au gouffre.

L'Europe est aussi nécessaire à chacune de nos nations: isolément, elles sont toutes trop faibles pour survivre, protéger leur culture, leur art de vivre, leur liberté. Sans union, demain, nous serons livrés à des entreprises et technologies chinoises, des logiciels américains, nous nous abreuverons de sous-culture américaine et n'aurons plus le choix que de subir.

Cependant, pour être utile, l'Europe doit parler au monde. Le peut-elle? Ses rêves congénitaux l'ont mal préparée à affronter les défis futurs: elle est encore un acteur aphone parce que la puissance militaire est un facteur clé de l'indépendance et que la sienne est inexistante. Pour être entendue, l'Europe doit être militairement forte, puisque la voix des nations ne porte qu'en fonction du calibre de leurs canons, vérité regrettable mais éternelle.

Peut-on rêver encore d'une défense française?

C'est un rêve mortifère. La construction de l'Europe de la défense relève d'un impératif d'échelle: en termes de défense, celle des nations est dépassée. Une puissance moyenne ne peut plus se doter d'un système de défense cohérent, comme ce fut le cas jusqu'au milieu du XXe siècle.

D'abord, en raison de l'expansion continue des domaines de conflictualités, de la Terre hier au cyberespace aujourd'hui, et demain dans tout nouvel espace conquis par l'homme. Or, à l'expansion des espaces de guerre ne correspond nullement celui des budgets militaires: aucun État européen n'est plus en mesure de constituer en solo une capacité d'action substantielle dans chacun des espaces d'affrontement.

Ensuite, en raison de l'explosion du coût des équipements. Chaque nouvelle génération multiplie leur prix par dix au moins. Tout État est donc contraint de réduire ses parcs à chaque saut générationnel ou d'accepter le décrochage technologique. La conséquence? Sauf pour les superpuissances, le choix est simple: accepter un système de défense échantillonnaire affaibli de larges déficiences capacitaires, ou bien opter pour le rétablissement de la cohérence au niveau supranational. Pour les nations européennes, il est donc techniquement nécessaire de retrouver là l'exhaustivité qui leur manque.

C'est ici qu'apparaît à nouveau la nécessité d'une défense européenne, car ce niveau supranational doit être fiable, et ce n'est plus le cas de l'Alliance atlantique.

Construire la défense de l'Europe... pour l'Europe et par l'Europe

Aujourd'hui, les États-Unis fournissent, selon les secteurs, 70 à 100% des capacités de l'Alliance: ce niveau de dépendance est dangereux. Pourtant, l'Union européenne, malgré les chocs que constituèrent, entre 2015 et 2017, les attentats terroristes, les cyberattaques ou l'afflux incontrôlé de migrants, reste toujours aussi mal préparée à la gestion d'une crise de sécurité sur son sol ou à sa périphérie.

Les pays européens auraient donc tout intérêt à affermir leur contribution à cette mission de sécurité collective. Il leur faut rationaliser des appareils militaires comportant aujourd'hui autant de redondances que de carences capacitaires. Faute de convergence des programmations nationales, les dépenses militaires des États européens ont un médiocre rendement, la recherche de défense est sous-financée, la relève des grands équipements est problématique: il faut donc européaniser les processus d'acquisition des équipements militaires mais aussi consolider la base industrielle et technologique de défense de l'Union. C'est vital pour l'équipement de nos armées comme pour l'industrie européenne. En outre, que ce soit pour la gestion de crises civiles ou les opérations militaires, les outils de planification, de conduite et de commandement de la PSDC sont inadaptés: l'UE a besoin de sa propre «tour de pilotage» des crises.

La croissance économique européenne s'est faite dans une merveilleuse insouciance devenue mortifère. Hédonistes aveugles, les Européens sont tout simplement sortis de l'Histoire; il vaudrait mieux qu'ils y entrent de nouveau, mais non par une porte dérobée. Leur salut suppose que ce soit en puissance.

La principale illusion européenne était le caractère facultatif de la force : les évolutions dangereuses du monde doivent nous ramener au réalisme. Voulons-nous que les États-Unis continuent à nous dicter ce que doit être notre position vis-à-vis de la Chine ? Voulons-nous conserver notre statut de vassal, ou souhaitons-nous compter dans le monde et influer sur son devenir ? Les questions sont simples : quelle volonté, quels moyens, quels buts ? Changeons de paradigme : l'Europe économique doit devenir politique et géopolitique.

La souveraineté de nos États suppose la recherche parallèle de l'autonomie stratégique aux niveaux national et européen. Ils sont complémentaires : la souveraineté européenne n'est pas un substitut à la souveraineté nationale mais son indispensable complément, voire sa condition. Nos vieilles nations ne pourront exister que dans et par l'Europe. Il y a soixante ans, à l'École militaire, Charles de Gaulle le martelait : « Il faut que la défense de la France soit française. » Eh bien, il faut aujourd'hui que la défense de l'Europe soit européenne.

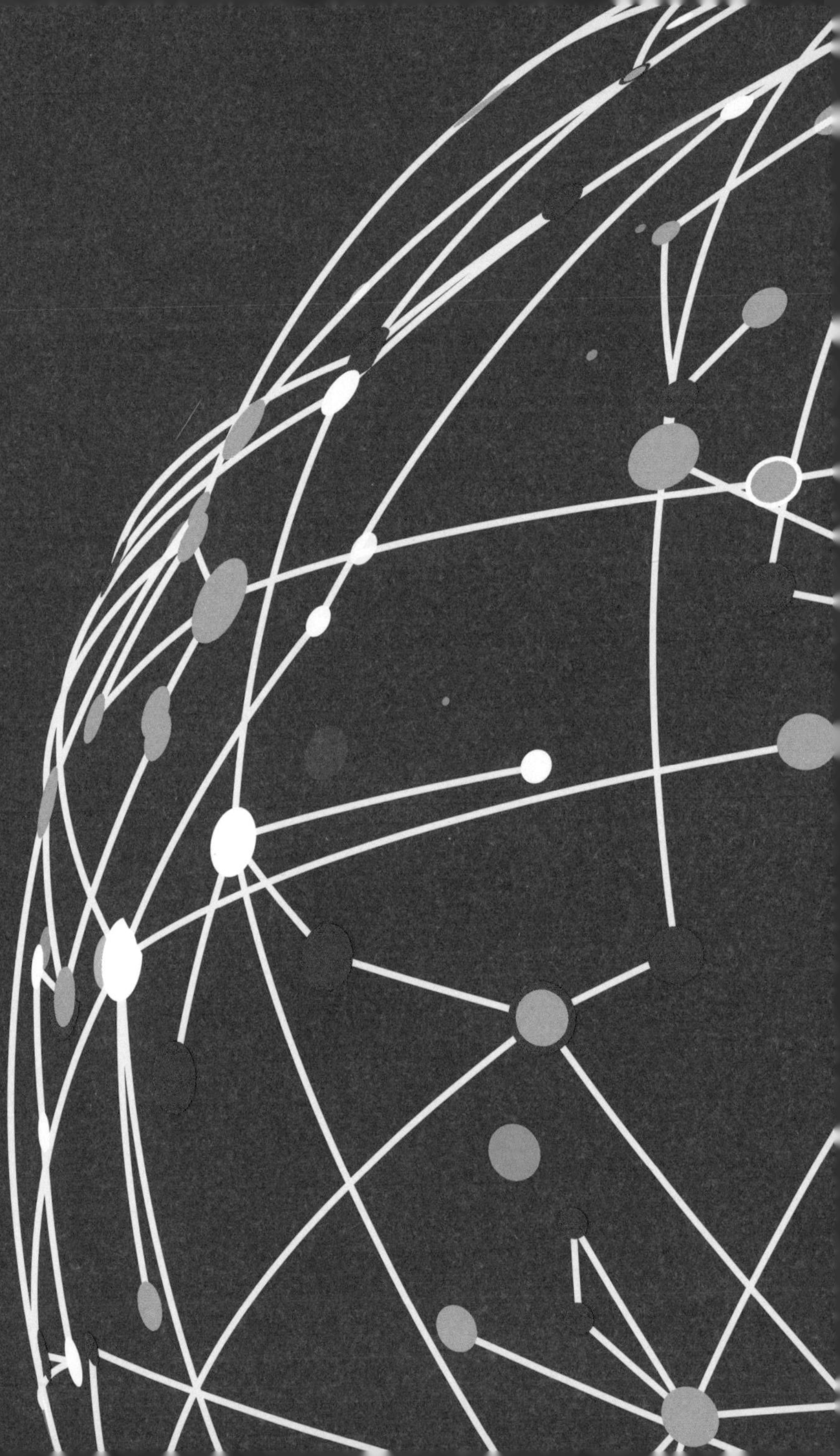

CHAPITRE 2

GOUVERNANCE PUBLIQUE : L'ÉTAT, LE CITOYEN, LA DÉMOCRATIE

CESE ET COMMISSARIAT AU PLAN : UN DUO D'AVENIR

par Patrick Bernasconi | **20 octobre 2020**

Dans cet article, Patrick Bernasconi, président du Conseil économique, social et environnemental, nous livre en exclusivité son témoignage sur les nouvelles formes de démocratie et d'implication des citoyens.

Le 2 juillet 2020, le président de la République me recevait, avec le président du Sénat et le président de l'Assemblée nationale, afin que je lui restitue nos travaux et contributions mettant en avant les « priorités essentielles pour la relance de la France ».

À ce titre, le Conseil économique, social et environnemental, fidèle à l'esprit qui a présidé à sa création, a joué pleinement son rôle de conseil de la société civile organisée dont la fonction est, suivant les textes, d'« éclairer les pouvoirs publics ». Mais nous ne pouvions nous résoudre à transmettre la seule vision de l'assemblée des corps intermédiaires, alors que partout les citoyens, rassemblés en collectifs ou non, ont exprimé des attentes, des idées, des propositions qu'il n'était pas possible d'ignorer. Il est temps que la démocratie s'enrichisse de cette diversité, de la pluralité des points de vue, parce que je crois profondément que c'est la seule manière d'appréhender la complexité par la démocratie délibérative ; et que celle-ci vienne renforcer la démocratie représentative. C'est le projet que je défends et que porte le CESE. La réforme du CESE proposée par le président de la République vient concrétiser cette idée ; en tous les cas, elle lui donne la possibilité de commencer à exister.

En effet, depuis la période du confinement, nous avons constaté l'émergence d'une multitude de consultations citoyennes, à l'initiative de plusieurs collectifs. Fort de ce constat, et avec l'appui de la Délégation interministérielle de la Transformation publique et des opérateurs de ces initiatives citoyennes, nous avons souhaité faire ressortir l'essence même de chacune des consultations dans une «synthèse des synthèses». Nos concitoyens ont été nombreux à vouloir s'emparer de sujets qui les préoccupaient, de leur vision, de leur avenir, et il était de notre responsabilité, dans cette période si particulière, d'en donner une traduction institutionnelle. Les voix individuelles de ces citoyens se sont ainsi transformées en un corpus d'aspirations collectives. Le désir qu'ont eu nos concitoyens de s'emparer de la chose publique et de retrouver un sens du collectif est bien là, l'illustration de ce qu'a été le confinement: dans une période remplie d'incertitudes, il fallait rendre collectivement – à l'avenir – la place qu'il semblait avoir cessé d'occuper.

Toutes ces consultations citoyennes ont été indispensables pour prendre le pouls de notre société, frappée par une crise tant sanitaire qu'économique et sociale. Elles ont permis d'alimenter la contribution du CESE, permettant ainsi une vision plus large, plus inclusive: la parole de la société civile organisée, incarnée par le CESE, a ainsi été augmentée d'une prise en compte de la parole citoyenne.

«Quelle place augmentée pour le citoyen et comment mieux gouverner avec lui ?» : tel est le sens du projet de loi relatif au CESE, qui, pour la première fois dans l'histoire de la Ve République, donne un cadre institutionnel à une demande ancienne: celle de la participation citoyenne à l'élaboration des politiques publiques. Le monde d'après – si tant est qu'il y ait un monde d'après – doit certainement être un monde où le citoyen soit placé au cœur de la décision politique; non pas ponctuellement, entre deux scrutins, ni continuellement, trop directement, mais bien en complément, en renforcement de notre démocratie représentative.

En effet, la synthèse des consultations citoyennes fait émerger une réelle volonté d'accroître le rôle du citoyen dans le fonctionnement démocratique. Notre société ressent donc un besoin sincère, profond: celui de se sentir représenté, celui d'être entendu et écouté, celui essentiel de participer. Il me semble nécessaire de m'arrêter un instant ici sur ces volontés citoyennes, qui sont tout à la fois les reflets des craintes de notre société et les chemins à prendre, vers une Nation plus unifiée, plus solidaire, plus inclusive.

Les «nouvelles solidarités», d'abord: la crise que nous traversons tous, collectivement, nationalement et mondialement, cette crise a mis en exergue des métiers auparavant qualifiés d'«invisibles» – des métiers en réalité indispensables mais si peu reconnus. La solidarité se perçoit également par le rôle essentiel joué par le secteur hospitalier, par le personnel soignant et aidant dans son ensemble. À ce titre, le CESE s'est emparé de ce sujet, à travers notamment ses récents avis «Générations nouvelles: construire les solidarités de demain» ou « L'hôpital au service du droit à la santé » – portés par des conseillers issus de la société civile, ces travaux sont autant de signes que notre démocratie sociale peut être force de proposition afin de préparer le monde de demain.

Au-delà de la solidarité, c'est bien l'avenir qui préoccupe nos concitoyens. L'avenir, en ces temps exceptionnels, imprévisibles, doit faire l'objet d'une réflexion posée, commune ; l'avenir, qui semble aujourd'hui avoir cessé d'occuper la place qui lui revient, doit redevenir un projet de société, une vision transpartisane de la collectivité. C'est en cela que l'aspiration citoyenne à « décider ensemble » et à redéfinir le rôle du citoyen en tant que rouage central de notre processus démocratique rencontre un tel écho. En décidant collectivement, on décide pour le collectif : derrière cette simple formule se cache, je le pense, l'un des axes de réflexion sur « le monde d'après » tant évoqué.

La démocratie représentative permet l'expression de la volonté générale de la Nation au sein de son Assemblée, si justement qualifiée de nationale. Les décisions sont également prises par l'exécutif, lui-même le résultat d'un suffrage universel citoyen – pourtant, notre belle démocratie fait actuellement face à une crise de légitimité, aggravée sans nul doute par la récente crise et ses conséquences sur le tissu socio-économique, associatif et qui se traduit plus globalement par une certaine perte de confiance de nos concitoyens envers nos institutions. Confronté à cette défiance d'une partie des citoyens envers son système politique, le président de la République a voulu renouer le lien démocratique avec les Français. Après le Grand Débat national, c'est la Convention citoyenne sur le climat et ses 150 citoyens tirés au sort qui a fait figure de nouveauté participative dans notre paysage institutionnel.

La réussite de cette Convention, organisée par le CESE, a ouvert la voie à de nouvelles formes de participation citoyenne : sans verser dans la stochocratie, la désignation de citoyens à l'issue d'un tirage au sort permet de vivifier notre démocratie par l'éclairage qu'ils apportent. « Le suffrage par le sort est de la nature de la démocratie », écrivait Montesquieu dans *De l'esprit des lois* : n'ayant pas vocation à remplacer la démocratie représentative, cet instrument renforce néanmoins indubitablement la collégialité de la réflexion sur les grandes orientations de la société. Cela permet de donner la voix à ceux qui en sont éloignés, à ceux qui ne la prennent pas spontanément cela permet de débattre, de délibérer en permettant l'expression de la société dans toutes ses composantes, une représentation descriptive ! L'actuel projet de loi portant sur la réforme du CESE permet à celui-ci d'associer à certains de ses travaux des personnes tirées au sort ou de faire appel à tout autre instrument de participation citoyenne, et ils sont nombreux.

De fait, la place pour l'homme, le citoyen est appelée à se recentrer au cœur du processus décisionnel démocratique ; le rôle du gouvernant, du représentant, est donc de transformer cette participation dans les faits. Il joue ainsi un double rôle : en amont, par la définition des objectifs de la Nation, en concertation avec les citoyens ; en aval, avec la concrétisation législative de ces objectifs, de ces buts collectifs. C'est ici que le Commissariat au Plan et à la Prospective doit remplir la fonction essentielle de défricheur des avenirs possibles, en laissant sa place au temps long. Cette institution, voulue par le président de la République, est appelée à collaborer étroitement avec le CESE, représentant de la société civile de notre pays. Ainsi, ce duo, j'en suis convaincu, pourra constituer une force de proposition majeure pour dessiner les grandes orientations de notre Nation, y compris en incluant dans ce processus les citoyens de celle-ci pour les sujets ou cela peut s'avérer nécessaire.

LA CONFIANCE : LE DEUXIÈME FRONT D'EMMANUEL MACRON

par Geneviève Goëtzinger | **6 avril 2020**

Alors que la France s'enfonce dans un confinement long, la question de la confiance se pose avec une acuité renforcée.

La confiance, une alchimie fragile, toujours susceptible de remise en cause brutale ! En ces temps où la gravité s'invite dans nos existences et les bouleverse, la confiance s'impose comme la condition d'une mobilisation citoyenne réussie contre la pandémie. Le président de la République ne s'y trompe pas et, au fil de ses interventions, lance des appels à l'union. À travers une posture martiale, mobilisatrice, culpabilisante parfois envers ses opposants les plus radicaux, sa crainte est désormais palpable de voir s'effilocher le consensus national autour de ses décisions.

La Nation se découvre vulnérable et ressent impérativement ce besoin d'une cohésion impulsée par la pédagogie de l'action, pour accepter dans la durée de se voir imposer des règles dérogatoires au droit commun. Dans le partage traditionnel des rôles sous la Ve République, l'exercice d'explication incombe au gouvernement. Il s'y prête, Premier ministre en tête, conscient de l'ardente obligation de convaincre.

Sans une confiance, même de circonstance, en la parole publique, en la pertinence des décisions imposées, il serait en effet illusoire d'espérer faire appliquer dans un État de droit des mesures aussi radicales et restrictives pour les libertés fondamentales que la privation de la simple liberté d'aller et venir… Et demain peut-être la traçabilité de nos faits et gestes. La confiance constitue le socle de l'acceptabilité, de l'adhésion, et donc la garantie de l'efficacité.

La confiance s'impose aussi contre toutes les thèses complotistes et les discours tendant à faire croire que notre système démocratique serait, au choix, durablement menacé ou bien inapte à répondre aux défis d'une crise d'une telle ampleur.

Mais la confiance ne se décrète pas et ce qui divise n'est pas forcément coupable. À entendre certaines incantations, il serait interdit de débattre, au nom de notre sécurité individuelle et collective, par respect aussi envers ces nouveaux héros que sont les personnels soignants et tous ceux qui apportent leur pierre à la satisfaction de nos besoins fondamentaux. Le contresens est ici total. La confiance ne tolère pas la confiscation du débat. Elle se nourrit de la confrontation des points de vue. Elle implique la démonstration par une analyse bénéfices/risques de l'impact positif sur le long terme des décisions prises : généralisation du confinement, durée de cette mesure, modalités de sortie, interdiction de la prescription de chloroquine en médecine de ville, etc. Un exercice rarement mené en matière de politiques publiques – indispensable en la circonstance.

Le moment venu, d'autres réponses devront être apportées sur la gestion politique de cette crise, car les questions sont multiples qui ont pu ébranler la confiance :

- Question de la véracité de la parole publique, alors qu'une communication à l'origine peu transparente s'est abritée derrière des arguments scientifiques pour dissimuler des pénuries, en termes de masques et de tests notamment.
- Question de la capacité d'anticipation de l'Exécutif, alors que les déclarations de son ancienne ministre de la Santé sur la mauvaise évaluation des risques sèment le trouble.
- Question de la responsabilité politique dans la prise de décision, alors que l'avis d'experts a servi de paravent à des choix relevant de la pure stratégie électorale, comme le maintien du premier tour des élections municipales.
- Question de la capacité de l'État et même de son renoncement à faire appliquer ses décisions sur l'ensemble du territoire national, alors que les contrôles s'avèrent impossibles dans certains quartiers.
- Question de la considération même des dirigeants envers l'esprit de responsabilité des citoyens, alors que certains mots comme « confinement » ont été, dans un premier temps, bannis du discours présidentiel.
- Question de la tentation de pérenniser, au nom de la sécurité, mais au détriment de la liberté, certaines mesures dérogatoires présentées à l'origine comme relevant de l'exception, tel que cela a pu être le cas en matière de lutte antiterroriste.

Ces interrogations ne sont pas toutes de même nature. Certaines touchent à l'esprit, d'autres aux fondements de notre pacte républicain, qui impose aux représentants du peuple de rendre des comptes à propos de leur action. Se les poser, les imposer dans le débat public est légitime. Accepter que certaines réponses soient différées est en revanche responsable.

LE RETOUR DE L'ÉTAT ET DES SERVICES PUBLICS

par Patrice Molle | **9 avril 2020**

Même si l'État et les services publics ont révélé leurs limites face à la crise, ils restent plébiscités par les Français. Dans le même temps, chacun a bien compris que l'État ne pouvait et ne pourrait pas tout. Il devra jouer collectif et s'appuyer sur les acteurs de terrain.

« Le jour d'après la crise actuelle et le confinement qu'elle aura induit ne sera plus comme le jour d'avant », a dit, en substance, le président de la République.

Nul doute, en effet, que nos priorités de gouvernance, nos procédures, nos comportements changeront, à l'avenir, en fonction de ces impérieux retours d'une telle tragique expérience, et de l'examen approfondi des conséquences concrètes qui doivent en être tirées.

Sans oublier l'émergence future, espérée mais non constatée à ce stade, d'une solidarité et d'une coordination européennes dans la gestion d'une telle crise sanitaire, celle-ci annonce et souligne le nécessaire retour en force de l'État-nation et de ses services publics :

La recherche nouvelle d'une souveraineté nationale visant à retrouver un degré acceptable d'autonomie stratégique en matière industrielle et de production « domestique », s'inscrira dans les ardentes obligations à retenir, à court terme, par nos gouvernants.

Verticalité dans les deux sens

La verticalité du fonctionnement de l'État, de ses représentants, de ses décideurs et de ses partenaires a opportunément démontré une réactivité bienvenue, permise par une chaîne hiérarchique de commandement courte et efficace.

L'Exécutif, le Président et son gouvernement, mais aussi les ministères, l'hôpital, les préfets, les Agences régionales de santé, les forces de l'ordre, les armées et leurs services se sont inscrits dans ce mode de commandement direct et d'exécution rapide des directives de toute nature, que chaque acteur recevait dans de multiples registres – sanitaire, logistique, de sécurité et de contrôle.

À ce mode de fonctionnement du central vers le local s'ajoute, dans l'autre sens, la remontée, en retour, des informations et statistiques essentielles, de ce niveau de proximité, à la conduite générale d'une manœuvre centralisée, sans oublier l'échange utile de bonnes pratiques et de solutions innovantes.

À ces acteurs publics s'ajoutent les organismes privés, qui concourent à de multiples services auprès de la population : énergie, transport, alimentation, déchets, etc.

Droit de retrait ou devoir de résistance ?

La caissière du supermarché et le chauffeur de poids lourd, pour ne prendre que deux exemples, jouent, eux aussi, un rôle déterminant dans le fonctionnement du pays quand ils assurent, au sein de la chaîne alimentaire, un service vital au profit de l'ensemble de nos concitoyens.

À cet égard, le droit de retrait, poussé jusqu'à son degré de précaution maximum, pose une question juridique et pratique fondamentale, qu'il conviendra de revisiter pour en déterminer un encadrement législatif et des limites opérationnelles plus claires, assorties, le cas échéant, d'une possibilité de réquisition.

Pour ne prendre qu'une seule illustration de cette réflexion, la limitation drastique des services de la Poste et la fermeture de la majorité de ses sites mériteront, *a posteriori*, une sorte de « droit d'inventaire ».

L'impérieuse nécessité de l'engagement de chacun

Enfin, le retour de l'État ne doit pas pour autant brider les initiatives, l'inventivité, l'« agilité » de proximité des collectivités territoriales et de leurs responsables.

Il n'y a pas d'incompatibilité ni de contradictions concrètes entre une chaîne hiérarchique courte et efficace des différentes structures de l'État central et de ses représentants territoriaux, avec une liberté d'action complémentaire des niveaux décentralisés – régions, départements, métropoles, communes et autres collectivités.

Une action transversale, en liaison étroite entre l'État et ses partenaires élus, n'en sera dès lors rendue que plus fructueuse, au service de nos concitoyens.

Dans de telles circonstances, Il ne doit pas y avoir une lutte de pouvoir entre ces différents acteurs, mais un partage de celui-ci, avec comme objectif premier l'intérêt général du pays et de ses citoyens. Les actions à conduire sont suffisamment nombreuses et diverses pour imposer l'engagement de tous, qu'il convient simplement de coordonner, afin de le rendre le plus pertinent et opérationnel possible, pour le plus grand bénéfice de tous.

La confiance dans la parole et l'action publiques, l'adhésion aux décisions nationales, l'acceptation de la diminution temporaire des libertés individuelles par nos concitoyens, sont clairement à ce prix.

Des chantiers considérables

Revisiter les priorités budgétaires, définir les urgences d'investissements humains et financiers, réviser nos stratégies industrielles et de production, revoir la définition de nos planifications et les méthodes les plus adaptées pour anticiper au mieux les crises, s'inscriront dans un programme global d'adaptation de nos moyens et de nos structures, de nature à répondre plus efficacement aux contraintes nouvelles de ce monde bouleversé, qui s'ouvre désormais devant nous.

Nul doute qu'il s'agira là de chantiers considérables, qui, sans occulter un débat contradictoire et démocratique, rendu obligatoire par le souci constant du respect de l'État de droit, nécessiteront toutefois une approche politique consensuelle ou, à tout le moins, fortement majoritaire, à rechercher dans le cadre d'un dialogue social sincère et par l'association de nombreux partenaires à une large réflexion, dans le but de déboucher sur des décisions stratégiques de gouvernance admises par le plus grand nombre.

LE RETOUR D'UN ÉTAT PATRON OU D'UN ÉTAT STRATÈGE

par Olivier Pagezy | **21 avril 2020**

Tel un serpent de mer, ce débat ressurgit à chaque crise. Il serait peut-être temps de le trancher ! Car l'oscillement permanent entre les deux modèles finit par coûter très cher.

Fin du capitalisme néolibéral, démondialisation, retour de l'État actionnaire ! De nombreuses voix s'élèvent pour célébrer le grand retour de l'État dans la vie économique de l'après-Covid-19. S'il est clair que tous les enseignements n'ont pas été tirés de la crise financière de 2008, faut-il tout attendre de l'État dans un pays comme la France où il joue déjà un rôle central ?

Certes, la crise sanitaire a montré des défaillances importantes dans l'organisation de notre système de santé, et l'État devra y mettre bon ordre. Avec des dépenses de santé qui pèsent plus de 10 % du PIB en 2019, la France ne souffre pas d'un manque de moyens par rapport aux autres pays de l'UE. La crise a plutôt révélé des fragilités structurelles dénoncées dans de nombreux rapports : rôle central de l'hôpital public, mauvaise coordination avec les établissements privés, faible régulation de la médecine de ville, quasi-oubli des EHPAD, insuffisance de la prévention. Elle a aussi mis en lumière un défaut d'anticipation sur la gestion d'équipements de protection et de matériels de réanimation, dont la responsabilité incombe d'abord à l'État et aux décisions du quinquennat précédent.

Sur ce sujet, comme sur bien d'autres, l'Allemagne nous a donné une grande leçon de réalisme : avec des dépenses hospitalières par habitant moins élevées que les nôtres, nos voisins ont plus de lits, plus de matériel de réanimation, et les soignants sont mieux payés. L'État sera bien en première ligne pour que notre système de santé soit plus solide, moins centralisé, complémentaire entre public et privé, et avec le souci d'optimiser la dépense publique. Il pourra s'appuyer sur les progrès permis par la télémédecine et devra enfin reconnaître le rôle des aidants familiaux et de l'aide à domicile pour faire face à une population vieillissante. Il devra enfin préserver la crédibilité de nos institutions scientifiques face à la prolifération de faux experts et redonner confiance dans la science.

Face à une crise économique sans précédent, l'État joue aussi un rôle essentiel de pompier pour que nos entreprises survivent. Les mesures d'urgence annoncées ont le mérite d'amortir les effets de la crise à court terme, alors que seulement deux semaines de confinement ont effacé cinq années de croissance. Avec plus de 40 % des salaires dans notre pays qui sont payés par l'État (chômage partiel, fonction publique, chômeurs en fin de droits), et les garanties publiques apportées aux banques, le paquet des premières mesures va dans le bon sens. L'État dispose aussi d'opérateurs efficaces comme la CDC et sa filiale Bpifrance, et pourra mobiliser les entreprises à participation publique pour démultiplier son action.

Néanmoins, l'histoire montre que l'État a souvent été mal inspiré quand il entendait gérer les entreprises, et la violence de la récession ne saurait justifier une intervention sans limites dans la vie économique du pays.

On doit tout d'abord tirer plusieurs enseignements de la réponse apportée par l'État à la crise financière de 2008. Le plan de relance des années 2009-2010 a utilisé une large palette d'instruments fiscaux (amortissement exceptionnel, déductibilité des intérêts d'emprunt, baisses d'impôts) ou budgétaires (investissement public, intervention au capital de certaines entreprises) et a fait le choix de l'investissement avec le lancement d'un plan en faveur des investissements d'avenir (PIA) ambitieux et innovant. Néanmoins, ce plan a souffert de plusieurs limites : une certaine inertie dans sa mise en œuvre qui suppose un pilotage interministériel fort, un manque de ciblage sur les secteurs les plus stratégiques pour éviter l'effet « plan ronds-points », et des mesures pas suffisamment réversibles en période de reprise.

Ces leçons devront guider le plan de relance qui prendra le relais des mesures d'urgence, autour de plusieurs principes : privilégier la rapidité d'exécution, cibler des secteurs prioritaires et des technologies émergentes, mobiliser les acteurs publics existants plutôt que de créer de nouvelles structures bureaucratiques.

Mais, à la différence de la situation qui prévalait en 2008, ce plan interviendra dans un contexte très contraint par l'état de nos finances publiques. Aussi, l'État serait bien inspiré de s'appuyer beaucoup plus sur deux partenaires essentiels : les régions, qui sont en première ligne pour amortir les effets de la crise dans les territoires, et les entreprises, qui sont prêtes à relever le défi de l'investissement pour autant que des partenariats public-privé intelligents leur en donnent les moyens.

Nos entreprises démontrent dans la crise une formidable capacité à maintenir l'activité et à se reconvertir pour satisfaire des besoins essentiels. Elles prouvent une fois encore que la résilience d'une nation ne se joue pas dans les discours des politiques ni dans les milliards d'euros d'argent public, mais dans la mobilisation de l'arrière. Et si cette relance était frugale sur le plan budgétaire par une canalisation intelligente des flux d'investissements privés vers les secteurs stratégiques et par des mécanismes de régulation peu coûteux pour le contribuable? Notre pays regorge d'une épargne abondante et de grands entrepreneurs. À l'État de trouver les bonnes incitations pour que cette épargne des ménages soit mieux orientée vers les besoins en fonds propres de nos entreprises.

Nous savons que cette crise sera salutaire à bien des égards. Si elle nous rappelle que l'État doit protéger, éduquer, soigner, elle doit aussi nous rappeler qu'il doit être plus stratège et moins patron.

RÉFORMER LA SANTÉ FACE À LA MENACE BIOLOGIQUE

par Xavier Marchal | **6 mai 2020**

L'Autorité sanitaire a démontré qu'elle n'était pas organisée pour affronter une pandémie. Afin de repenser son modèle, elle pourrait s'inspirer de l'organisation des armées, et créer notamment un Institut de sûreté biologique.

La pandémie du Covid-19 a provoqué une crise gravissime imputable à une brèche dans notre système de sécurité sanitaire, plus précisément à l'insuffisance des dispositions destinées à nous protéger contre les risques biologiques.

Les nations doivent concentrer tous leurs efforts pour éviter l'apparition, et *a fortiori* la réédition de virus contagieux et potentiellement mortels pour l'homme.

Maintenant que l'on entrevoit les dégâts considérables du Covid-19, il est urgent de s'atteler à définir la meilleure façon de contenir les effets désastreux de tels poisons biologiques pour la santé physique, bien sûr, mais aussi pour la prospérité de l'espèce humaine, et peut-être même sa santé mentale.

Or, en matière de sécurité biologique, les prescriptions nationales ou internationales en vigueur ne concernent jusqu'à ce jour que les précautions à prendre par les laboratoires biologiques, ou encore celles concernant la prévention de la guerre biologique et ses effets.

Qu'a-t-il alors manqué au dispositif national et international pour mieux faire face à ce terrible coronavirus?

Deux poids, deux mesures

Il est un domaine de l'activité humaine qui a fait l'objet, de longue date, d'une approche de sécurité globale: c'est celui de l'énergie nucléaire. De fait, les risques pour l'homme et l'environnement sont très importants, et le développement simultané des applications civiles et militaires depuis les années 1940 a permis l'édification d'une doctrine sécuritaire extrêmement poussée, en y consacrant dans les pays développés des moyens techniques, industriels et humains considérables.

Le cœur de la sécurité nucléaire demeure l'analyse de sûreté, qui vise à démontrer non seulement que l'on prend toutes les précautions nécessaires pour éviter un accident technique ou humain, provoqué ou subi, mais que tout a été pensé pour en minimiser les conséquences s'il en survenait.

Nucléaire et biologique ont en commun l'aspect furtif et persistant du risque principal pour l'homme et qui porte le même nom: la contamination. Les mots pour le combattre sont aussi les mêmes: barrières, confinement, désinfection ou décontamination. Le temps et l'espace sont également des facteurs très importants, bien au-delà des conséquences d'accidents plus classiques comme ceux de transport ou d'un stock d'énergie, même chimique.

Mais des différences existent. Concernant le risque biologique:

- Quelques tâches bien particulières sont assignées à Santé publique France (confiées à une faible partie de ses 625 agents), dont la gestion de la réserve sanitaire (moyens humains) et des stocks stratégiques.
- Quelques mesures spécifiques sont mises en place, comme le plan «Pandémie grippale» (PPG) révisé en 2011 à la suite de l'épidémie H1N1 de 2009, et réalisé sous l'égide du SDGSN; et, bien sûr, l'applicabilité du «Plan blanc» (ORSAN) pour la mobilisation des moyens médicaux et hospitaliers («l'offre de soins»).
- Les moyens d'alerte et de gestion de crise existent, et en particulier le CORRUSS créé en 2005 à la suite de la canicule de 2003, en conformité avec le Règlement sanitaire international de l'OMS.

Cependant, autant, dans le domaine nucléaire, la prévention des risques et de leurs conséquences est structurée et argumentée par les résultats des études de sûreté faites *a priori* sous l'égide de l'Autorité de sûreté nucléaire (ASN), autant, dans le domaine biologique, les réflexions équivalentes se résument à la rédaction de conseils ou consignes aux ministères, comme le PPG susmentionné. De plus, ledit plan, par ailleurs clair et avec une vision la plus exhaustive possible, a une portée limitée par l'hypothèse trop large «grippe plus ou moins sévère», et n'envisage pas réellement de mesures de confinement, pas plus qu'une pandémie effectivement mondiale.

Des non-choix

Le même document permet de situer en France le Covid-19 dans un cas de mortalité «sévère», comme les grippes asiatiques ou de Hong Kong de la fin des années 1950 ou 1960. Par contre, l'impact sociétal de ces crises fut respectivement «moyen» ou «réduit», alors qu'il peut être qualifié de «considérable» pour la crise en cours, bien plus encore que le mot «majeur» indiqué dans ce même PPG pour la grippe espagnole du début du xxe siècle, pourtant infiniment plus meurtrière.

Comment expliquer de telles appréciations? Qu'est-ce qui donc a changé pour que l'ordre des valeurs ne soit plus le même?

De fait, les moyens d'information actuels n'ont pas réellement laissé le choix à ceux qui nous gouvernent: à partir du moment où le dilemme du «malade à sauver» risquait de devenir public, il n'était plus possible de retenir une autre voie que celle qui évite la saturation de l'offre de soins. C'est qu'il nous faut bien prendre conscience que, dans les crises précédentes, les autorités «étaient complètement démunies», comme le rappelle l'historien de la santé Patrick Zylberman, et ne pouvaient donc corriger la pandémie qu'à la marge, quand elles ne devaient pas aller jusqu'à choisir le laisser-faire pour ne pas entamer le moral des populations ignorantes, comme ce fut le cas pour la grippe espagnole à la fin de la Première Guerre mondiale.

Avec la tyrannie de l'information à court terme, c'est l'inverse qui se produit aujourd'hui; de ce fait, l'angoisse collective se reporte sur la crise économique et sociale à venir et son cortège prévisible de misères. Précisément, la faute collective majeure – dans notre pays et dans le monde est d'avoir obligé à ces choix à cause d'une préparation et d'une disponibilité insuffisantes des moyens médicaux.

Nous nous sommes trouvés ainsi acculés à décréter des mesures de confinement mal préparées, puis à en sortir dans des conditions hasardeuses, avec un modèle de production et de distribution inapte à faire face, sans dommages économiques majeurs, à de telles situations, sans études préalables d'adaptation du système d'enseignement, sans solution de repli ménageant l'économie des loisirs et de la culture, ni de vision tempérée des transports, etc., nous précipitant ainsi dans la catastrophe que nous connaissons.

Protéger et limiter les effets de l'agression

Prévention

La menace biologique n'est pas nouvelle mais elle est accentuée par la circulation débridée des biens et des personnes. Les virus accidentels comme le Covid-19 sont d'autant plus susceptibles d'échapper à son contrôle, que l'homme néglige son environnement et les équilibres entre espèces végétales et animales qui s'y développent.

Pour contrer une telle menace à l'origine, la conférence internationale qui ne manquera pas de se réunir pour tirer des enseignements de la crise mondiale devra obtenir l'adhésion des États au moins dans trois domaines:

- Un engagement par traité à éradiquer toutes les activités dangereuses et à mieux surveiller les zones à risques, avec une totale transparence, par des inspections internationales.
- Un renforcement des moyens de l'OMS, des moyens d'alerte et de gestion technique de la lutte contre les corps biologiques scélérats.
- Un effort mondial de R&D sur les outils de contrôle de contamination, et plus généralement de circulation de ces corps.

En Europe, et pour cette première partie du dispositif de «défense biologique», toutes les actions préconisées ici peuvent être sans difficulté déléguées par les nations au niveau de l'Union européenne qui aurait ainsi un poids considérable à la table des négociations, ainsi qu'une capacité de mobilisation de moyens scientifiques et humains au moins à l'égal des plus grands États.

S'unir contre: un moyen très efficace de se solidariser

Protection

Cependant, c'est bien au niveau national qu'il convient de porter l'effort pour «limiter les conséquences de tout accident», ce qui n'empêche pas de favoriser des coopérations ponctuelles entre pays européens.

Une approche par la sûreté biologique doit être, en France, développée en priorité pour surmonter toutes les insuffisances constatées et rappelées ci-dessus. L'État doit compléter son organisation et les moyens afférents à partir des structures existantes, elles-mêmes à renforcer:

- sous la coordination du SGDSN, au nom du Premier ministre,
- au sein du ministère de la Santé (actuelle sous-direction Veille et sécurité sanitaire),
- au sein des ministères de l'Intérieur, de la Défense et de l'Économie,
- dans les bureaux en correspondance au sein des autres ministères,

en créant de toutes pièces un **Institut de sûreté biologique (ISB)** chargé de préparer la défense biologique du pays.

Il s'agit, plus précisément :

- de faire des études d'évaluation de la menace en liaison avec les services compétents et de proposer des actions de prévention principalement à travers les instances internationales ;
- d'étudier les crises passées – y compris dans d'autres pays – sous tous leurs aspects : sanitaires, économiques, sociaux, sociétaux, industriels, etc., afin d'en retenir un retour d'expérience formalisé ;
- d'entretenir des scénarios de crise dimensionnants pour la préparation des moyens de prévention, de contrôle, de mesure et de suivi, ainsi que l'adaptation de l'offre de soins ;
- d'entretenir des plans de mesures de « mise à l'abri » et de distance physique des populations pouvant aller jusqu'à différentes formes de confinement, en liaison avec des mises en configuration spécifiques de chaque secteur économique et des agents publics, préparées avec les ministères de tutelle concernés, et aussi avec les instances européennes pour la gestion des frontières ;
- de booster nos méthodes de conduite des opérations de crise en leur fournissant des moyens d'aides à la décision bénéficiant des derniers développements technologiques (traitements big data, intelligence artificielle, *tracking*, etc.).

Pour l'exécution de sa mission, ledit ISB pourra s'appuyer en particulier sur les agences existantes du monde de la santé et leur propre réseau de moyens et compétences scientifiques. Dans les grandes occasions, l'État a su se doter des moyens nécessaires pour « changer de braquet ».

S'agissant de la protection du citoyen :

- En matière de défense nationale, alors que la guerre froide menaçait l'équilibre du monde, la création d'une force nucléaire de dissuasion a justifié l'organisation d'une Délégation générale pour l'armement au sein du ministère, au détriment des moyens d'approvisionnement et d'expertise propres à chaque armée. C'est à cette DGA que nous devons en particulier l'entretien en France d'une BITD (base industrielle et technologique de défense), déterminante pour l'autonomie stratégique du pays. Pourquoi ne pas inclure dans ladite BITD les besoins matériels stratégiques de la sécurité sanitaire, et donc ceux qui ressortiront des études du nouvel ISB ?
- En matière de sécurité intérieure, terrorisme et radicalisation ont justifié une rénovation et un renforcement important de la mission de renseignement sur le territoire national, et ont encouragé l'innovation en moyens techniques d'identification. Comment ignorer toutes ces avancées lorsque nous sommes face à un besoin de dépistage rapide d'individus symptomatiques ?

Nul doute que la crise gravissime dans laquelle nous sommes entrés provoquera des changements importants dans certaines priorités de l'État, puisque protéger le citoyen et préserver sa dignité sont, parmi les fonctions régaliennes, les premières de toutes. Les mesures suggérées ici ne prétendent pas rendre prévisibles de nouvelles surprises stratégiques. Mais elles paraissent absolument nécessaires pour pouvoir en atténuer les effets à court et moyen termes.

La rigueur et les moyens considérables dédiés à la sécurité nucléaire sont à relier au traumatisme créé dans l'opinion internationale par la vision des effets des bombes atomiques lancées sur Hiroshima et Nagasaki. Souhaitons qu'il ne soit pas nécessaire d'attendre de la menace biologique un choc d'ampleur comparable pour réagir à la hauteur de l'enjeu.

LE MONDE D'APRÈS AURA LIEU SI…

par Alexandre Malafaye | **12 mai 2020**

Publié au lendemain du déconfinement, cet article constitue une synthèse du tome 1 des* Cahiers de l'Odyssée. *Partir de la réalité et tirer les leçons de l'expérience sont les conditions nécessaires à l'éventuelle émergence d'un « monde d'après » souhaitable. Sans quoi, c'est le « monde d'avant » en moins bien qui pourrait advenir.

Chaque catastrophe, une fois passée, organise son grand procès. La pandémie du Covid-19 aura son tribunal. Nous n'y échapperons pas. Il nous faudra chercher à comprendre les raisons de cette « étrange défaite » et identifier des responsables pour faire des coupables. Mais saurons-nous tous les débusquer et les « juger » ? Ou bien, une fois de plus, nous contenterons-nous des lampistes, afin de pouvoir vite retourner vaquer à nos occupations égoïstes après avoir satisfait notre soif de vengeance ? Pis encore, l'éventuelle condamnation de quelques responsables au terme d'un long brouhaha médiatique ne permettra-t-elle pas, par effet d'aubaine, au capitalisme numérique d'asseoir à bas bruit sa suprématie ? Ou alors, saurons-nous affronter notre passé, nos dérives et toutes les causes qui ont conduit au désastre ?

Rien n'est hélas certain, mais nous serons 8 milliards en 2023 (et 10 milliards en 2050 ?), il serait peut-être temps de commencer à nous poser les bonnes questions ; le Covid-19, avec sa cohorte de vérités et de révélations qui éclatent au grand jour, nous en fournit l'occasion tant espérée.

1. Le monde d'après aura lieu si… nous tirons les leçons de l'expérience

Si nous voulons que cette nouvelle ambition ne reste pas au stade du vœu pieux ou de l'incantation, il faut admettre que les communautés humaines et leurs activités doivent être gouvernées et encadrées. À cette fin, nous avons besoin des États et de leurs «élites», aptes et formées à gouverner, des règles de vie en société, l'apprentissage du civisme, des lois et les moyens de les appliquer. Voilà aussi pourquoi le devoir premier du Prince est de protéger ses «sujets» autant des agressions extérieures que de leurs propres faiblesses.

Ici, la gouvernance devient essentielle. Sans bonne gouvernance – ou sans gouvernance efficace –, pas de société ni de projet de société. Mais si les systèmes de gouvernance sont défaillants ou dévoyés, et si ceux qui sont «en haut» ne se comportent pas mieux que ceux qui sont «en bas», alors, comme l'a dit l'astronaute Jacques Swigert dans la capsule Apollo 13: «Houston, nous avons un problème.»

Oui, nous avons un problème. Et de taille. Le «retour sur Terre» n'est pas garanti. Auparavant, il nous faudra tirer les leçons de l'expérience passée et tenter de comprendre comment, pourquoi nous en sommes là aujourd'hui. Nous avons identifié sept leçons principales à tirer:

- Leçon n° 1: le «dégagisme» n'a rien résolu.
- Leçon n° 2: gouverner, c'est inclure le temps long dans les décisions.
- Leçon n° 3: gouverner impose de reconnecter le haut de la pyramide d'État à la base du pays.
- Leçon n° 4: gouverner, c'est cultiver le rapport de force politique/fonction publique.
- Leçon n° 5: gouverner, c'est être exemplaire.
- Leçon n° 6: gouverner, c'est entretenir nos valeurs, partager le pouvoir et responsabiliser les citoyens.
- Leçon n° 7: gouverner, c'est avoir un but et se donner des moyens pertinents pour l'atteindre.

2. Le monde d'après aura lieu si... nous changeons nos méthodes

Il y aura bien un avant- et un après -16 mars 2020, jour du confinement national.

Bien sûr, dans le monde d'avant, le temps passait, et chaque jour apportait son lot de changements. Mais, cette fois, ce sera différent, demain ne s'inscrira pas dans le prolongement d'hier. Demain sera différent. Nous allons assister à des ruptures majeures, rapides et brutales, qui n'épargneront personne, même les plus protégés, et nous allons devoir reconstruire notre pays avec intelligence, car les marges de manœuvre seront devenues infimes. Sur le plan économique et budgétaire, bien sûr. Mais peut-être et surtout, sur le plan démocratique. L'Europe politique, en ruine, méritera elle aussi beaucoup d'attentions. Elle constitue notre dernier rempart face aux appétits chinois, américains et russes.

Après cette «attaque bactériologique» inédite à l'échelle de la planète, nous allons vers une époque non écrite. Mais lorsque nous commencerons à en rédiger les premières pages, nous devrons veiller à ne pas recommencer à l'identique.

Tout d'abord, il nous faut imaginer une réponse fiscale équitable, efficace et lisible.
Augmenter les impôts et les charges pour compenser la baisse générale des recettes et financer les dépenses publiques, les retraites, la santé et le chômage se révélera rapidement contre-productif et de nature à entretenir le cercle vicieux de la récession et de l'appauvrissement général. Le recours à la solution de facilité, qui a fait de la France un paradis du fisc à défaut d'être un paradis fiscal, n'est plus de mise, ce qui va contraindre ceux qui ont trouvé de « l'argent magique» à profusion à remettre à plat le système des prélèvements fiscaux et sociaux. En commençant par le simplifier et le rendre lisible, ce qui constituerait déjà une grande source d'économies pour l'État, les entreprises et les contribuables.

De manière concomitante, le plus rapidement possible, il va falloir redonner du moral aux Français.
Si les enjeux économiques et budgétaires sont considérables, un autre l'est encore plus: le moral des troupes. Une guerre engage toute la Nation. Elle coûte toujours trop cher. Cependant, la victoire procure de grandes satisfactions et donne des forces pour la suite. Mais, avec cette «guerre» contre le Covid-19, il n'y aura ni victoire ni date de victoire, et il n'y aura pas d'ennemi vaincu, humilié, repentant, traîné derrière le char du vainqueur. Il ne sera pas davantage dans le box des accusés lors du grand procès de la catastrophe. Il ne paiera rien des dommages de guerre qu'il aura causés. Dans le meilleur de cas, il disparaîtra, entrera dans les grimoires et laissera derrière lui des ruines, de la souffrance et la fin de ce qui subsistait de notre insouciance. L'insouciance, voilà un mot à reconquérir.

Enfin, il va falloir s'atteler à restaurer la confiance des Français par des actions concrètes et rapides.
Inutile de chercher à faire grand tout de suite. Faisons concret. Il faut «profiter» de la crise pour opérer des révolutions techniques et culturelles que nous pensions impossibles ou que nous renâclions à engager. Réalisons ce qui est à notre portée, en pensant et en articulant l'action politique autour de **quelques principes** qui peuvent se traduire dans les faits à court terme et se voir:

- **La subsidiarité:** l'État doit se concentrer sur le cœur régalien de sa mission, éclairer le débat public, la stratégie et la coordination, réaliser les tâches que les autres ne peuvent faire (prise en charge des mineurs délinquants, tenir la prévention, etc.) et, pour les autres, déléguer l'exécution le plus possible.
- **La responsabilité:** il faut laisser davantage de marges de manœuvre à l'initiative des citoyens et des organisations professionnelles (entreprises, collectivités, etc.), et accorder aux citoyens des espaces de liberté dans lesquels ils pourront utiliser leur maturité, exercer leur autonomie et leur sens des responsabilités, leur créativité et leur civisme
- **L'expérimentation:** l'expérimentation doit faire partie de la panoplie du monde d'après. Avant de voter des lois universelles pour tous, avec le caractère contraignant et uniforme que cela revêt, créons les conditions qui favorisent l'initiative de terrain, et

limitons au maximum (ou interdisons!) ce qui génère toujours plus de tâches administratives et un *reporting* écrasant qui éclipsent le but à atteindre, brident l'initiative courante et réduisent l'autonomie.

- **La rationalisation de l'action législative:** le législateur doit faire évoluer sa façon de concevoir la loi, pour la simplifier, la rendre opérationnelle et lisible, et, surtout, faire évoluer la philosophie de la loi afin qu'elle se concentre sur l'effet final recherché et non sur chacun des moyens à mettre en œuvre pour atteindre un but qui devient secondaire.

3. Le monde d'après aura lieu si… nous enrichissons notre démocratie

Un autre très grand chantier attend le pays, qu'il est indispensable de mener pour mieux le gouverner, fabriquer des décisions intelligentes et acceptées, et retisser le lien de confiance entre les citoyens de tous bords et la chose publique. C'est celui de la démocratie et de son fonctionnement. Pour ne pas disparaître, la Ve République doit faire peau neuve, en ne se contentant pas que d'un lifting.

Il ne s'agit pas de doter le pays de nouveaux gadgets comme cela a souvent été fait par le passé, ou de jouer aux apprentis sorciers comme ce fut le cas avec le quinquennat, mais de donner les moyens à la démocratie de respirer entre deux grandes échéances électorales, de permettre aux gouvernants de rester en prise avec les réalités et, surtout, de profiter de l'intelligence du pays.

Cette démocratie-là sera «permanente» et dotée d'un ensemble d'outils et de systèmes qui devront faire l'objet de multiples expérimentations afin de déterminer les meilleures pratiques et de valider ce qui est pertinent et ce qui ne l'est pas. L'observation de ce qui se fait dans de nombreux pays aidera, en Europe mais aussi en Asie.

La démocratie permanente s'organisera autour de quatre principes distincts: interpeller, participer, consulter et délibérer, et d'une garantie essentielle, celle d'une justice en situation d'équilibre des pouvoirs.

Dans un État démocratique moderne, les citoyens doivent être assurés, d'une part, que les valeurs sur lesquelles reposent les décisions des dirigeants, au premier rang desquelles la liberté, l'égalité et la fraternité, seront respectées, et, d'autre part, que le «prince» respectera le cadre légal et réglementaire qui est le résultat des promesses que s'est données une société. C'est au juge qu'il appartient de remplir ce rôle. Il faut donc établir un réel équilibre des pouvoirs en renforçant sa place, notamment par la création d'une Cour suprême.

C'est au prix de cette transformation démocratique et de cet engagement résolu vers une société de confiance que nous retrouverons le chemin des décisions collectives acceptées et que le consentement des Français sera petit à petit restauré.

Gouverner autrement impose d'apprendre à gouverner *avec*, afin de mieux gouverner *pour*.

LA CRISE SANITAIRE DOIT ÊTRE L'OCCASION DE RENFORCER LA RÉSILIENCE ALIMENTAIRE DE LA FRANCE

par Christine et Patrice Van Ackere[1] | **15 mai 2020**

Pour rester un pays de gastronomie dans un monde traversé par les égoïsmes, la France va devoir réinventer sa souveraineté alimentaire. Car on ne fait de bonne cuisine sans les bons produits. Cet article a fait l'objet d'une publication dans* Le FigaroVox *le 13 mai 2020.

Combien d'activités humaines répondent à un besoin essentiel, tout en étant une source de plaisir, une occasion de rassembler des femmes et des hommes autour d'une confrontation

1. Christine van Ackere est biochimiste et ex-cheffe ; Patrice Van Ackere, ancien élève de l'ENA, a été membre de jurys culinaires. Ils sont les auteurs de *Passion gastronomique* (2018, préfacé par Bernard Pacaud, chef trois étoiles de *L'Ambroisie*).

d'idées, de souvenirs ou de projets, en pérennisant des traditions, en étant porteuses d'une identité (dans le meilleur sens du terme), en contribuant à l'aménagement du territoire et à la création d'emplois, en mettant en relation des professions très diverses, tout en s'efforçant (en principe) de préserver la santé humaine et l'environnement ? Il n'y en a qu'une : la gastronomie. Et, en France, le terme « crise » ne correspond pas à la réalité actuelle (car une crise se conclut par un retour à un état initial, éventuellement modifié) : en 2020, la restauration est en situation catastrophique, et ce de manière probablement durable.

La fermeture imposée ne génère pas qu'une simple crise de trésorerie : la destruction de valeur subie, avec sa dimension patrimoniale, n'est pas rattrapable, contrairement à ce qu'on observe dans nombre d'industries d'équipement.

La gastronomie française est blessée, impactant directement l'économie dans son ensemble, puisque c'est toute l'agriculture et l'industrie agroalimentaire qui bénéficient d'une image de marque positive dans le monde.

Aujourd'hui, l'enjeu va au-delà, car il s'agit de la souveraineté alimentaire de la France. Le président de la République a, mieux que quiconque, souligné l'enjeu de la crise sanitaire de 2020 dans son allocution du 13 avril, en déclarant que « déléguer notre alimentation, notre protection, notre capacité à soigner notre cadre de vie au fond à d'autres est une folie ». La valeur ajoutée dans la filière agricole française diminue de 1 milliard d'euros chaque année depuis cinq ans. Stopper cette dégradation est devenu un impératif national. Depuis une dizaine d'années, Allemagne, Espagne et Pays-Bas accroissent leurs exportations ; les coûts salariaux et sociaux ne constituent donc pas un frein au succès.

Dès lors, il nous faut reconstruire et garantir la souveraineté alimentaire de la France, en relocalisant les forces productives ; il n'est pas normal que la moitié des fruits, des légumes et de certaines viandes soit importée, de surcroît sur la base de normes techniques souvent moins exigeantes que celles qui sont imposées aux producteurs français.

Adoptons une stratégie nationale alimentaire, à partir d'une approche globale pour bâtir une chaîne agroalimentaire complète et cohérente, incluant agriculture, viticulture, transformation, restauration, innovation technologique et soutien à l'exportation. La *food tech* française (*agtech* et *foodscience*) risque d'être prise de vitesse par celle des pays anglo-saxons, de l'Europe du Nord et d'Israël. Au vu des problèmes de santé et d'environnement qui appellent des innovations, ces entreprises bénéficient d'un atout exceptionnel. Partout dans le monde, les trois ressources nécessaires à la production alimentaire que sont la terre, l'eau et l'énergie se raréfient, ouvrant des débouchés pour des technologies en appui à une nouvelle compétitivité française.

La gastronomie est devenue un puissant ciment de l'unité nationale depuis la suspension du service national obligatoire. Le monde entier l'admire, l'envie et la copie. L'Unesco a reconnu le repas gastronomique français comme élément du patrimoine immatériel de l'humanité, la France se doit de le soutenir dans la durée.

Discutons d'une loi de programmation agroalimentaire quinquennale, avec des engagements budgétaires couvrant l'ensemble des secteurs de la filière, de manière compatible avec les engagements pris au titre de la PAC. Le transfert prévu d'une grande partie des choix d'application de la PAC aux États membres offre d'ailleurs l'opportunité d'une mise en œuvre adaptée au contexte local. L'un des débouchés de l'agriculture étant les restaurants, l'État pourrait envisager le rachat de la dette de ceux qui ont subi la catastrophe sanitaire de 2020 et qui seraient prêts à prendre certains engagements en contrepartie d'une prise de participation à leur capital, qu'ils pourront racheter au fur et à mesure de la remontée de leur chiffre d'affaires, allégeant d'autant la charge budgétaire de l'État.

Par ailleurs, à partir du moment où, comme l'a répété le président de la République le 13 avril, «il est des biens et des services qui doivent être placés en dehors des lois du marché», la France doit pouvoir négocier des adaptations à ses engagements en matière d'ouverture commerciale dans le cadre de l'UE et de l'OMC.

Enfin, la préservation dans la durée de la gastronomie française appelle le développement de la justice alimentaire en France: la cohésion nationale suppose de réduire la fracture alimentaire. L'insécurité alimentaire, telle que définie par la FAO, touche en France un adulte sur dix, paradoxe dans un pays qui dispose de l'une des meilleures agricultures du monde! Certes, l'État n'est pas resté inactif: il a initié en 2010 un Programme national pour l'alimentation traduisant sa volonté de placer le plaisir et le goût au centre des actions, articulé avec un Plan national Nutrition-Santé pour offrir à tous l'accès à une alimentation en quantité suffisante, de bonne qualité et produite dans des conditions durables. Par ailleurs, la loi dite EGalim de 2018 place la lutte contre la précarité alimentaire dans le champ de la lutte contre la pauvreté et les exclusions.

Certes toute politique a un coût, mais on n'a pas encore calculé le retour d'un investissement dans une alimentation saine (le ROI des investisseurs), alors que le seul coût social de l'obésité et du surpoids est évalué entre 20 et 25 milliards d'euros par an. Dans ce calcul, il faudrait aussi intégrer ce que coûte à la collectivité une agriculture en crise avec les drames humains qu'elle génère. Les solutions ne sont pas nécessairement très coûteuses, elles commencent toutes par le développement des actions éducatives. Ce qui serait dans la nature des choses pour un pays qui est reconnu dans le monde entier pour sa gastronomie.

RELANCER LA PARTICIPATION

par Xavier d'Audregnies | **25 mai 2020**

Il n'y aura pas de « monde d'après » sans nouveau modèle politique et, à l'évidence, les citoyens devront y occuper une place plus importante. Tel est l'enjeu du grand chantier des nouvelles formes de démocratie, telles que la participation.

La crise sanitaire que nous traversons met en relief ce que nous savions déjà : le fossé se creuse entre les « élites » et le reste de la population. Le tableau est devenu caricatural : d'un côté, il y a ceux qui dirigent, installés dans leur salon face à leur ordinateur ; de l'autre, ceux qui affrontent la rudesse du monde – infirmières, éboueurs, caissières ou livreurs. Les uns ont peur pour leur santé, les autres n'ont pas le choix.

Il semble d'ailleurs que ce soit un invariant : les sociétés humaines – sauf peut-être quelques peuplades indigènes, d'Amazonie ou de Papouasie, en l'occurrence plus « civilisées » que nous ! – ont, en permanence, à gérer une forte tension interne entre les nantis et les plus défavorisés.

D'un côté, il y a la petite minorité de ceux qui ont le pouvoir et qui entendent le garder. Ceux-là s'organisent pour rendre leur position inexpugnable. L'édification du corpus juridique, les règles de fonctionnement de l'économie, les stratégies d'alliance au sein de cette caste, etc., constituent autant de méthodes pour monopoliser le pouvoir et la jouissance des attributs et des douceurs qui l'accompagnent.

D'un autre côté, le reste de la population est prié de se contenter de ce qui reste, dans le cadre de règles édictées par la minorité dirigeante.

Bien entendu, les deux catégories (la minorité au pouvoir et la majorité soumise) sont le plus possible étanches l'une par rapport à l'autre. Les puissants trouvent avantage à se « partager le gâteau» entre le même petit nombre d'individus, l'irruption de nouveaux entrants étant de nature à compliquer les choses et à diminuer la part du butin. Il est donc très difficile pour les seconds de pénétrer la caste des puissants.

La tension interne est donc importante et l'équilibre fragile : périodiquement, une révolte ou une guerre fait tomber la pression accumulée, les nantis cédant, sous la force des événements, un peu – de pouvoir, de ressources, de lumière, de gloire, de reconnaissance, de temps de parole, etc. – aux autres. Puis, lentement, le pouvoir se concentre à nouveau, ce qui accroît les tensions, jusqu'à une nouvelle crise.

L'histoire est jalonnée d'événements de ce type. Les révoltes successives de la plèbe romaine contre le patriciat qui monopolisait le pouvoir au Sénat sont un exemple célèbre pour illustrer ce mécanisme. Un autre exemple plus récent est l'adoption en pleine guerre, par l'ensemble des partis politiques français, du programme du Conseil national de la Résistance par lequel tous s'engageaient à réformer le fonctionnement de la société pour permettre à tous les citoyens de vivre dignement (soixante-dix ans après, on ne sait s'il faut pleurer ou rire à la lecture de ce texte, tant il a été rogné de tous côtés...).

En ayant foi en la capacité de l'homme à s'améliorer, on pouvait espérer que, progressivement, la leçon serait tirée du passé et que la mise en place d'une organisation rationnelle, avec une répartition plus équilibrée du pouvoir et une meilleure distribution des richesses, permettrait aux sociétés humaines de sortir de ce cycle à la fois absurde, puisque contraire à l'intérêt général, et funeste parce que porteur de massacres à répétition.

Il semble, hélas, que l'humanité n'en ait pas pris le chemin. La mondialisation et les possibilités techniques du numérique permettent même d'accroître la concentration du pouvoir et des richesses, d'augmenter la force des tensions, et donc d'accélérer la vitesse du cycle et la violence des phases de crise.

Cette concentration du pouvoir est telle que les membres de nos élites modernes avouent régulièrement être «débordés» et «n'avoir pas une minute à soi». C'est exact, et cela tient simplement à l'abondance des leviers de décision entre ces quelques augustes mains. La surcharge de travail n'est, en fin de compte, que le résultat de l'accumulation des responsabilités, c'est-à-dire de la concentration du pouvoir. Pour autant, pour ces *happy few*, la vie a une forte saveur : il est grisant de participer aux décisions qui mènent le monde, et par ailleurs agréable de profiter de ses meilleures nourritures terrestres.

À l'autre bout de la chaîne, le citoyen «d'en bas» est souvent pauvre, chômeur, peu lettré, vivant dans une cité sinistre et confronté chaque jour à la délinquance et à la violence. Cette situation touche une dizaine de millions de Français et n'est donc pas un simple dégât collatéral que le progrès fera cesser à terme : c'est un phénomène de grande ampleur qui s'accroît chaque jour et qui exclut de la vie sociale des pans entiers de la population. Les hommes et les femmes en question se sentent, non sans raison, abandonnés, et surtout inutiles et méprisés. Et, de fait – constat terrible –, l'économie moderne n'en a pas besoin, sauf pour quelques besognes considérées comme basses en temps ordinaire.

De plus, la circulation instantanée de l'information exacerbe les choses. Alors qu'il est de plus en plus mis en marge des décisions (et des fruits de l'activité commune), le citoyen « de base » est chaque jour mieux informé par les flux continus d'information qui arrivent directement sur ses écrans individuels. Il y a encore cinquante ans, la population, ni éduquée ni informée pour partie d'entre elle, ne savait pas. Aujourd'hui, les gens « d'en bas », qui souffrent déjà d'une grande détresse matérielle (beaucoup ne supportent plus de ne pouvoir décemment vivre de leur travail), sont en direct les témoins oculaires des excès, des gaspillages, et des turpitudes de la caste au pouvoir, et ils se rendent mieux compte de leur propre mise à l'écart.

La situation est donc la suivante : d'un côté, des élites de moins en moins nombreuses, qui concentrent de plus en plus le pouvoir, la richesse, le temps de parole publique, et les autres biens publics. De l'autre, une masse croissante, mais de mieux en mieux informée, qui cumule la pauvreté matérielle et le sentiment d'être inutile, oubliée, et dédaignée. La frustration s'exacerbe au sein d'une société de moins en moins inclusive, et la tension croît rapidement et puissamment.

Il ne faut pas chercher ailleurs la source des phénomènes de radicalisation qui agitent nos sociétés. Et le sentiment de malaise que nous procure la gestion de la crise sanitaire actuelle.

En vérité, qu'est-ce que les plus déshérités de la société voient de la généreuse devise « Liberté, Égalité, Fraternité » ?

- **La liberté ?** Certes, on peut encore aller et venir, mais sans argent le champ des possibles est restreint. On peut, bien sûr, avoir des opinions et les exprimer, mais, sans auditoire, c'est un peu inutile, et rageant à la longue.
- **L'égalité ?** Depuis 1989 et le naufrage de l'idéologie communiste qui, vaille que vaille, portait une espérance d'égalité entre les hommes, les dernières barrières ont sauté. Ainsi, non seulement les inégalités se sont creusées au cours des trente dernières années, mais encore les idées en vogue légitiment les inégalités et ridiculisent les perdants : « Si, à 50 ans, on n'a pas une Rolex, c'est qu'on a raté sa vie », dit un porte-voix de l'oligarchie...
- **La fraternité ?** Lorsque certains dirigeants se laissent aller à avouer : « Ce que nous vendons à Coca-Cola, c'est du temps de cerveau humain disponible », les cochons de payants ne peuvent guère croire en la sincérité de leurs sentiments à leur égard, et encore moins en leur amitié et en une communauté de destin.

Alors, comment faire pour redonner vie aux idéaux bien amochés de la République ? Il faut revenir, à nouveau, à Charles de Gaulle, qui expliquait dès 1941, dans son célèbre discours d'Oxford, que le combat n'était pas seulement à gagner par les armes, mais également par les valeurs : « Rien n'empêchera la menace de renaître plus redoutable que jamais, rien ne garantira la paix, rien ne sauvera l'ordre du monde, si le parti de la libération, au milieu de l'évolution imposée aux sociétés par le progrès mécanique moderne, ne parvient pas à construire un ordre tel que la liberté, la sécurité, la dignité de chacun y soient exaltées et garanties, au point de lui paraître plus désirables que n'importe quels avantages offerts par son effacement. »

Ce sont ces réflexions de temps de guerre, enrichies et complétées par le passage au pouvoir, qui l'amèneront à proposer la « participation » dans les années 1960. Participation politique, par la régionalisation, pour rapprocher la démocratie du citoyen; participation économique, pour réconcilier, au sein de l'entreprise, le capital et le travail.

Le moins que l'on puisse dire, c'est que le chantier est resté en l'état. L'urgence est donc de le reprendre. Il s'agit, en utilisant les moyens modernes de communication, de donner une voix à tous, et surtout aux exclus. Mais aussi d'écouter leurs besoins, leurs envies, leurs rêves, enfin de leur donner la capacité à peser sur les choix collectifs.

Dans le champ économique, les pistes existent : c'est l'entreprise coopérative, c'est l'entreprise « sociale et solidaire », c'est l'actionnariat salarié, ou encore l'association des travailleurs à la gouvernance de l'entreprise ; c'est, en somme, le « partage de la valeur ». C'est également la distribution directe, le commerce coopératif et associé, les systèmes d'échange de biens ou de services via des plateformes numériques. Et, d'une façon plus générale, ce sont tous les moyens qui permettent de satisfaire des besoins individuels ou collectifs en minimisant l'enrichissement personnel, et en maximisant la participation des intéressés aux processus de production.

Dans le champ politique, les premiers essais de démocratie directe ou participative, sur le plan local, ont montré la forte attente des citoyens à participer, à donner leur avis, et à peser sur les décisions. Il faut donc innover, et imaginer les méthodes les plus efficaces pour promouvoir et généraliser la démocratie participative, afin de la faire sortir de son statut de gadget servant à la manipulation de l'électorat, et d'en faire un réel instrument de gouvernance de la Cité.

Dans le champ social, il faut retrouver des lieux et des institutions où s'exerce concrètement l'égalité des citoyens, où les individus confrontent leurs attentes et leurs désirs, et où chacun peut apporter sa pierre à l'édifice commun. De telles organisations de masse – le service militaire, l'Église catholique, voire le Parti communiste – existaient naguère. Le chacun-pour-soi et l'individualisme poussant à la compétition généralisée ont systématiquement détruit ces institutions jugées désuètes. Il convient d'en recréer, d'urgence.

Ces chantiers sont ceux de l'après-Covid. Tâche immense ? Raison de plus pour commencer sans attendre.

L'OCCUPATION RATIONNELLE DE L'ESPACE : UNE CONSÉQUENCE INATTENDUE DU COVID-19

par Xavier Marchal, Xavier Dupont
et Romain Labiaule | **8 juin 2020**

L'expérience forcée des nouvelles formes de travail ouvre des perspectives aussi inattendues que passionnantes en matière d'aménagement de nos territoires. In fine, la crise sanitaire permettra peut-être de replacer l'homme au centre de nos priorités et non des villes…

La crise sanitaire que le monde vient de vivre a mis en lumière nombre de dysfonctionnements des sociétés modernes. La plupart de ces problèmes étaient bien connus des spécialistes, mais le grand public, les médias et le monde politique en avaient sous-évalué l'importance. Parmi ces questions, figure celle de l'aménagement de l'espace, c'est-à-dire la façon dont les activités humaines se localisent sur un territoire donné.

Notamment, l'arbitrage entre les grandes et les petites villes où le territoire rural a retrouvé une nouvelle actualité. Nombre de « confinés » ont pu expérimenter en vraie grandeur le télétravail depuis une maison à la campagne. Et s'apercevoir que cela pouvait être efficace. Il en a résulté une prise de conscience soudaine et partagée qu'il était possible de modifier l'organisation du travail et de sortir du « métro-boulot-dodo » propre aux grandes métropoles. Et ce, sans que l'efficacité des organisations des entreprises – du moins celles du secteur tertiaire – en soit affectée.

Cette prise de conscience des possibilités du télétravail s'est accompagnée de réflexions sur les transports, qui ouvrent des horizons prometteurs. Les unes portent sur la possibilité de diminuer la quantité totale de transport nécessaire (diminution des déplacements quotidiens domicile-travail), et les autres sur la possibilité de mieux répartir cette quantité dans la journée, en étalant les heures de pointe (qui sont celles qui conditionnent le format des infrastructures de transport).

En allant au bout de la réflexion, la crise sanitaire et le confinement auront donné l'occasion de s'interroger sur l'organisation du travail que requerrait le télétravail s'il venait à être utilisé plus systématiquement, et sur la configuration de l'habitat qui permettrait de télétravailler dans de bonnes conditions. Une entreprise responsable et prévoyante ne peut se désintéresser de ces deux aspects qui conditionneront sa performance globale, et donc sa rentabilité. Le transport domicile-travail et le logement des collaborateurs ne pourront probablement plus être considérés comme des externalités du monde de la production du secteur tertiaire.

Par ailleurs, la crainte des épidémies avait conduit les urbanistes du début du XXe siècle à prôner le desserrement du tissu urbain et l'aération des villes par des espaces verts (un humoriste de l'époque proposa même de « bâtir les villes à la campagne, car l'air y est plus pur »). Ces conceptions hygiénistes ont, plus tard, été oubliées grâce aux performances de la médecine et de la pharmacopée. Mais le coronavirus nous a fait comprendre que l'adaptabilité des virus et autres micro-organismes est telle que la science aura toujours un temps de retard sur les maladies. Il en ressort l'idée forte que les grandes concentrations urbaines font courir un risque trop important aux hommes qui y vivent. Cette préoccupation nouvelle confirme une tendance latente à renverser la préférence généralisée depuis plus d'un siècle en faveur des grandes villes.

En effet, l'avantage incontestable dont disposaient les grandes villes jusqu'à présent s'estompe. Une grande ville, c'était à la fois un grand bassin de main-d'œuvre, un grand réservoir de compétences pointues, un grand bassin de consommation, et un large choix de services et d'activités culturelles et de loisirs. Le modèle de la grande ville était donc plébiscité par les entreprises, comme par les salariés. Depuis la dématérialisation de nombre de procédures et de services (dont le télé-achat, le télétravail, la téléculture, la télérencontre sont quelques manifestations), ces atouts ne sont plus aussi déterminants. En revanche, les défauts des grandes villes s'accentuent : pénibilité des transports urbains, difficultés à joindre des lieux de loisirs « sauvages » (mer, montagne, campagne), coûts liés à l'environnement, cherté des logements et des surfaces professionnelles.

À l'inverse, les villes petites et moyennes (de 70 000 à 200 000 habitants) vont probablement être plébiscitées par les entreprises pour des raisons de coût, et par les particuliers pour des raisons d'aménité. L'avenir semble être ouvert aux petites villes où les logements et les espaces professionnels sont moins chers, où il est possible de circuler et d'accomplir les actes de la vie courante à pied, en transport doux, ou en transports collectifs, où il est possible de disposer des principaux services indispensables à la vie courante (lycée, hôpital, police, banques, poste, tribunal, cinémas, etc.), et d'où il est possible de sortir rapidement pour retrouver un lien avec la nature.

Cette bascule entre grande ville et petite ville constitue un renversement complet de perspective et semble correspondre à un mouvement de fond, voulu aussi bien par la population que par les entreprises.

Ces deux prises de conscience – la moindre nécessité du « présentiel » et la nécessité d'une plus grande « distanciation » et d'une meilleure aération de l'espace vécu – rebattent ainsi les cartes du débat sur l'aménagement de l'espace, en ce début de IIIe millénaire. À n'en pas douter, ce « new deal » devra être pris en compte dans les politiques publiques d'organisation de l'espace.

Bien entendu, l'aménagement de l'espace ne peut être décorrélé d'autres politiques publiques dont il participe : l'égalité des chances, l'égal accès à l'éducation et à la formation, la santé publique, la performance économique de « l'entreprise France », la fiscalité nationale et territoriale en sont les principaux.

Il s'agit donc bien de gouvernance, au sens le plus entier du mot.

REVENIR AU PEUPLE

par Alexandre Malafaye | **12 juin 2020**

Trois mois après le début de la crise, à quinze jours des élections municipales, et à quelques encablures d'un remaniement, le flou politique est total. Que va décider le Prince ? En leur temps, d'autres chefs d'États, face à des grandes crises, ont pris des grandes mesures. Qu'en sera-t-il pour la France ?

Ainsi, la crise sanitaire est passée. Les services médicaux et hospitaliers ont accompli un travail remarquable, palliant par leur dévouement et leur abnégation l'impréparation initiale. Au bilan, il n'y a à déplorer « que » 30 000 décès, en quasi-totalité des personnes très âgées ou déjà atteintes d'une maladie chronique. L'appareil sanitaire a tenu bon, malgré une tension extrême par endroits. La gestion de la crise sanitaire par les pouvoirs publics a, de ce point de vue, été correcte. Dans l'état des connaissances et des moyens disponibles, il eût été difficile de faire mieux. Fin de l'épisode et retour à la vie normale.

Donc, on reprendrait les choses où on les avait laissées ? Tout recommencerait comme avant ? Et on tiendrait pour une parenthèse l'arrêt de la vie économique et sociale pendant trois mois, ainsi que les dégâts collatéraux énormes que subissent nombre de nos concitoyens : chômage, faillites, misère parfois ? Et on ferait comme si rien ne s'était passé ?

Pourtant, l'exécutif a pris pendant cette période des décisions extraordinaires et inouïes : arrêter le pays, suspendre les libertés individuelles, assigner les citoyens à résidence. Et, contrairement à sa réputation, le peuple français s'est montré discipliné et civique. Il n'y a pas eu un mot pour critiquer les décisions des autorités, et pas un citoyen n'a bravé les interdits.

Pourtant, l'exécutif a engagé les finances du pays de façon extraordinaire et inouïe : la dette contractée lors de cet épisode s'élèvera officiellement à 500 milliards d'euros, et probablement plus lorsque tous les comptes seront effectués. Ces sommes, supérieures au budget annuel de l'État, sont dépensées en toute hâte et de façon discrétionnaire par le gouvernement : 8 milliards pour l'automobile, 15 milliards pour l'aéronautique, 5 milliards pour Renault, plan tourisme, plan PME, et ainsi de suite.

En démocratie, normalement, les décisions graves, notamment celles qui conditionnent la vie du pays, et celles qui suspendent les libertés, doivent faire l'objet d'un débat et être votées par le Parlement, au moins *a posteriori* compte tenu de l'urgence. En démocratie, normalement, c'est le Parlement qui vote les recettes et les dépenses publiques.

Tout cela provient de la Déclaration des Droits de l'Homme de 1789. En son article 4, qui traite des libertés individuelles et des droits des citoyens, la Déclaration prévoit que les seules bornes à fixer à ces droits et libertés « ne peuvent être déterminées que par la loi », c'est-à-dire par le Parlement. L'article 14 prévoit de son côté que « tous les citoyens ont le droit de constater, par eux-mêmes ou par leurs représentants, la nécessité de la contribution publique, de la consentir librement, d'en suivre l'emploi, et d'en déterminer la quotité, l'assiette, le recouvrement et la durée ».

Certes, le Parlement a voté les textes conférant la légalité formelle aux décisions du gouvernement. Pour autant, on sent bien qu'il y a manqué un débat approfondi sur l'opportunité de décisions aussi importantes et aux conséquences aussi graves.

Alors, comme toujours en France, on en vient à se poser la question : « Qu'aurait fait de Gaulle en pareille situation ? » Il y a fort à parier que, selon sa formule, il aurait décidé de « revenir au peuple ». C'est d'ailleurs ce qu'il a fait chaque fois que des décisions importantes pour le pays ont dû être prises, que ce soit en 1958 (la Constitution), en 1962 (l'avenir de l'Algérie, l'élection du Président au suffrage universel) ou en 1968 (sortir de la crise de Mai 68).

À vrai dire, il n'y a pas trente-six façons, dans le cadre des institutions actuelles, de sortir d'une crise grave de façon démocratique, c'est-à-dire en donnant la parole au peuple. Il y en a trois : la dissolution de l'Assemblée, le référendum et la démission du Président (quitte à se représenter dans la foulée).

De Gaulle a utilisé les deux premières. En 1958 et en 1962, il a provoqué un référendum sur les options qu'il croyait bonnes, afin de leur donner une forte légitimité. En Mai 68, il utilisa les deux instruments tour à tour : la dissolution pour donner la parole à la majorité silencieuse sur son action et conforter son pouvoir ; le référendum pour donner sa lecture des événements (le besoin de « participation » des Français aux décisions qui les concernent) et demander au peuple un mandat pour aller dans ce sens. S'il n'a jamais utilisé la démission suivie d'une nouvelle candidature, ses mémorialistes rapportent qu'il en a envisagé l'hypothèse au plus fort de la crise de Mai 68.

Bien sûr, chaque fois, le Général s'adressait solennellement «au pays» pour expliquer sa lecture de la situation et pour proposer l'option qu'il privilégiait pour l'avenir, sur laquelle il demandait très explicitement une approbation et, le plus souvent, un appui (« Français, aidez-moi », en 1962 ; « j'ai besoin que le peuple français dise qu'il le veut », en 1968).

Aujourd'hui, alors que la France traverse sa plus importante crise depuis celle de Mai 68 – et même depuis la Seconde Guerre mondiale –, le Président est face à l'Histoire. À l'évidence, un simple remaniement ministériel n'est pas à la hauteur de la situation. Donc Emmanuel Macron va-t-il employer un de ces trois moyens constitutionnels, et lequel ? Et quel sera son discours, sa vision des événements et ses propositions pour l'avenir ?

Il existe des dizaines de citations pour expliquer que c'est lors de situations difficiles que se révèlent les hommes d'État. La sagesse populaire dit, plus simplement : « C'est au pied du mur qu'on voit le maçon ! »

DÉFICIT PUBLIC : QUI S'ENDETTE S'ENRICHIT !

par Jean-Claude Mailly[1] | **15 juin 2020**

S'il est désormais évident que les dettes des États ne seront jamais remboursées, la pratique des déficits publics doit être cependant bien pensée et mesurée afin de rester bénéfique pour un pays et ses ressortissants. Cet article a fait l'objet d'une publication dans* La Tribune *le 8 juin 2020.

Aux premières dispositions d'urgence prises par les gouvernements, vont succéder désormais des mesures destinées à accroître notre résilience face à de telles pandémies, ainsi que divers plans de relance et d'investissement public visant à reconstruire le tissu économique et social.

Cette crise va ainsi amener, pour plusieurs années, les déficits et endettement publics loin des limites fixées par les traités européens. Ainsi, le déficit prévu pour la zone euro par la Commission européenne pour l'année 2020 s'élève à 8,5 % du PIB (0,6 % en 2019), et la dette publique à 103 % du PIB (86 % en 2019).

Sur le plan des politiques monétaires, les banques centrales ont lancé des programmes exceptionnels d'achat de dette publique sur les marchés. La Banque centrale européenne (BCE) prévoit ainsi d'acheter, selon les termes du Pandemic Emergeny Purchase Program (PEPP), 750 milliards d'euros d'actifs de dette (publique et privée) pour soutenir les États dans leurs politiques de relance.

---

1. Co-écrit avec Jean-Martin Cohen-Solal, Steve Ohana, Lionel Melka et Lionel Tangy-Malca.

L'idée que la gestion des finances publiques serait similaire à celle d'un ménage ou d'une entreprise s'est incrustée dans nos esprits. Or un ménage ou une entreprise n'a pas la capacité de s'endetter dans une monnaie qu'il serait capable d'émettre par lui-même, ni la possibilité, comme un État, de lever l'impôt pour gérer ses revenus.

Il convient ici de rappeler que, jusqu'en 1973, c'est par des avances de la Banque de France au Trésor que l'État français finançait ses déficits. La dette publique de la France n'était alors qu'une créance que la Banque de France (un organe de l'État) possédait sur le Trésor (un autre organe de l'État). L'absurdité de la conception de la dette comme « fardeau différé pour nos enfants » apparaissait alors beaucoup plus nettement que dans le mode de financement actuel par les marchés. Pourtant, la différence entre ces deux systèmes n'est qu'apparente. En effet, la dette d'un État émise dans sa propre monnaie (donc avec le soutien de sa banque centrale) peut à tout moment être convertie en monnaie pure et simple (sans maturité). Il suffit pour cela que la banque centrale émette de la monnaie pour acheter les titres de dette publique sur le marché. La banque centrale peut même ensuite effacer simplement la dette publique de son bilan (opération dite de « monétisation de la dette publique »).

Y a-t-il eu dans ce cas « défaut » sur la dette ? Aucunement : les détenteurs de dette publique ont vendu leur titre à la banque centrale au prix du marché.

La devise s'affaiblira-t-elle et l'inflation bondira-t-elle à la suite de cette monétisation ? Dans les économies développées, où le problème est devenu le manque d'inflation, plutôt que son excès, c'est une issue souhaitable mais pas automatique... On sait en effet que l'inflation sur le marché des biens n'est pas directement reliée à la monnaie émise par la banque centrale (la « base monétaire ») mais à la masse de monnaie totale en circulation dans l'économie, qui est le résultat de tous les prêts octroyés par les banques au secteur privé. Or cette masse monétaire totale s'est déconnectée de la base monétaire depuis la crise financière de 2008.

Faut-il en définitive s'inquiéter de la dette publique et des déficits ? Dans un monde sans inflation, où une grande part de la population active est inemployée ou sous-employée, où le secteur privé est surendetté, où les gouvernements émettent leur dette dans leur propre monnaie, avec le soutien de leur banque centrale, la réponse est négative. Dans ces circonstances, les déficits publics s'apparentent à une injection de monnaie par le gouvernement dans l'économie. Cette injection augmente le niveau de richesse du secteur privé et facilite son désendettement, sans provoquer d'excès d'inflation car elle permet de remettre la population inemployée au travail.

À cet instant, il conviendrait en revanche de s'inquiéter du retour en vigueur, probablement dès 2021, des critères budgétaires du traité de Maastricht et du Traité pour la Stabilité, la Coordination et la Gouvernance (TSCG) : déficit nominal contraint à ne pas dépasser 3 % du PIB (0,5 % du PIB pour le déficit structurel – ajusté des effets cycliques), objectifs à long terme de réduction de la dette publique à 60% du PIB, avec un rythme de réduction de la dette d'un vingtième de l'écart à la cible chaque année.

Si ces obstacles aux déficits publics ne sont pas rapidement levés, la zone euro risque d'avoir des difficultés à survivre à cette crise. En effet, cette crise a illustré une nouvelle fois les déficiences de la gouvernance budgétaire et monétaire en zone euro. Comme dans toute crise de demande, le secteur privé manifeste aujourd'hui un fort désir d'épargne. Pour atténuer l'effet du choc de demande, cette épargne doit trouver un débouché dans les déficits publics. Cependant, elle ne peut se diriger vers un actif de dette sûr commun à tous les pays (de type «eurobonds»), un tel actif étant inexistant en zone euro. L'épargne en euros se réfugie donc vers les actifs de dette des «pays cœurs» de la zone euro (France, Allemagne, Benelux, Autriche, Finlande), délaissant les dettes des «pays périphériques» (Italie, Espagne, Portugal, Grèce), perçues par les investisseurs comme risquées. Cette fragmentation de l'épargne, qui concerne également l'épargne provenant des pays périphériques eux-mêmes, aboutit à des écarts de taux d'intérêt (*spread*) insoutenables. Les épargnants expriment le «souhait» de voir les pays cœurs dépenser davantage, mais interdisent aux pays périphériques de le faire. C'est d'autant plus paradoxal que l'Italie est le pays le plus vertueux de la zone euro sur le plan budgétaire, la Péninsule ayant réalisé un seul budget annuel en déficit primaire (budget hors intérêts de la dette) au cours des vingt-cinq dernières années!

Cependant, les pays cœurs refusent de dépenser plus qu'il n'est nécessaire pour leurs propres besoins. Et dans quelques mois, alors que la phase la plus aiguë de cette crise sera passée, mais que la demande privée sera encore déprimée, ils se verront bientôt contraints de réduire leurs déficits par les traités budgétaires. Face à cette situation, la BCE est tellement contrainte qu'elle ne peut ramener les taux des pays périphériques à des niveaux qui leur permettraient de dépenser suffisamment pour atteindre leur PIB potentiel. C'est ce problème de gouvernance de l'Union monétaire qui fait que nous n'avons jamais réussi à sortir de la crise des dettes périphériques survenue en 2010.

Pour sauver les économies européennes, nous avons besoin d'un changement de paradigme dans la façon dont est perçue et gouvernée la dette publique depuis le traité de Maastricht. Les problèmes persistants de la zone euro depuis 2010 ne sont pas le fruit de dérapages budgétaires de la part de supposés «pays cigales», mais d'un manque de dépenses (publiques comme privées) dans les pays en excédent courant (Allemagne, Autriche, Pays-Bas notamment). Le maintien des très forts excédents courants allemands (7% du PIB!) rend en effet très difficile le désendettement (privé et public) dans le reste de la zone euro, en même temps qu'il fragilise l'économie mondiale et empoisonne les relations transatlantiques. Et les limites d'action de la BCE, qui se traduisent par des taux d'intérêt beaucoup trop élevés des pays périphériques par rapport à leur taux de croissance nominale, compromettent encore davantage ce désendettement.

Le plan actuel de la Commission européenne prévoit l'emprunt à long terme, à des conditions de taux extrêmement favorables, de 750 milliards d'euros, montant qui serait dépensé dans les trois prochaines années, en priorité dans les pays les plus touchés par la crise. Ce plan va dans le bon sens, à condition que l'opposition des quatre pays réfractaires (Autriche, Pays-Bas, Danemark, Suède) parvienne à être surmontée...

Cependant, trois réformes urgentes paraissent s'imposer pour faire prospérer la zone euro. Il faudrait, en premier lieu, suspendre les critères de gouvernance budgétaires. Puis obtenir des pays en fort excédent courant, et en particulier de l'Allemagne, qu'ils résorbent ces excédents ou qu'ils les compensent par des transferts fiscaux vers les pays périphériques. Enfin, il faudrait réformer les traités pour permettre à la BCE d'assumer pleinement son rôle de prêteur en dernier ressort aux États de la zone euro, en offrant à tous les États membres des conditions de financement semblables à celles de pays monétairement souverains comme le Royaume-Uni, le Japon ou les États-Unis. Ainsi, le Japon, qui affiche le ratio dette/PIB le plus élevé des pays de l'OCDE, et les États-Unis, qui n'ont plus enregistré un seul budget en excédent primaire depuis 2007, se financent, avec l'aide de leurs banques centrales respectives, à des taux inférieurs à leur croissance nominale depuis 2013.

Au regard de ce qui précède, les déficits publics n'apparaissent plus comme un « problème » mais émergent au contraire comme une condition à la relance des économies européennes post-Covid. Les limites contraignantes de déficit ou de dette publique n'ont aucune justification économique. Il en est de même pour les freins aux interventions de la banque centrale sur le marché de la dette. Il est plus que temps d'abandonner ces fétiches et ces tabous au bénéfice d'une politique dédiée au plein-emploi. Comme l'a si bien exprimé Mark Twain, « les vaches sacrées font les meilleurs hamburgers ».

TAIWAN, LABORATOIRE DÉMOCRATIQUE DE TOUTES LES AUDACES

par Jean-François di Meglio
et Maëlle Lefevre | **18 juin 2020**

À tous ceux qui pensent que la démocratie ne saurait être que représentative, l'exemple de la jeune démocratie taiwanaise devrait donner à réfléchir. Avec ses 23 millions d'habitants, Taiwan n'a cessé, depuis une vingtaine d'années, de moderniser et d'adapter son appareil démocratique afin de préserver le lien de confiance qui existe entre l'État et les citoyens.

Alors que la gestion plus qu'exemplaire de la crise sanitaire a propulsé de façon légitime la République de Chine à Taiwan au premier rang de l'actualité asiatique et a éveillé de nombreuses consciences, y compris en France, une autre spécificité de la société civile taiwanaise est demeurée relativement inaperçue du fait de la « concurrence » dans l'actualité des développements liés à la pandémie.

C'est bien l'état avancé de la société taiwanaise, sa conscience des dangers qui menacent systématiquement l'harmonie d'un groupe humain dans sa recherche de grands équilibres, qui ont permis son succès éclatant dans la gestion de la crise sanitaire. Capacité à mettre en place des alertes avancées du fait de la veille constante sur les affaires du Continent, sophistication des outils d'information sur l'état sanitaire de la population, disponibilité de systèmes permettant la remontée d'information et le suivi des populations dans la limite du respect des libertés individuelles, garanti par la longue expérience des luttes pour la conquête de la démocratie, ont été les principaux ingrédients de ce succès.

Il est cohérent avec l'état avancé du concept de «démocratie participative» développé à Taiwan depuis le début du millénaire. L'an 2000 avait vu l'élection au suffrage universel du premier Président issu du parti représentant traditionnellement l'opposition à l'(apparemment) inamovible Kuo Min-tang (parti «nationaliste») et déclenché une intense réflexion sur les réformes à adopter sur le système électoral.

La principale illustration de cette quête d'un système «inclusif» et tenant compte des attentes de la «base» est l'instauration du référendum d'initiative populaire (公民投票法). La combinaison de ces initiatives, parfois locales, «à la suisse» (concept helvétique des «votations locales») sur des sujets d'importance diverse mais qui se sont beaucoup cristallisés autour de la question de l'énergie nucléaire, donnant lieu au rejet du projet de «quatrième centrale» dans l'île, avait atteint un paroxysme lors des élections de 2018.

C'est également lors de ce référendum que la question de légaliser le mariage homosexuel s'est posée: l'établissement d'une loi indépendante du régime civil a été approuvé à 61,12% des votants. Cette dernière, entrée en vigueur le 24 mai 2019, témoigne ainsi de l'exceptionnalisme taiwanais, notamment à travers sa société plus moderne et libérée que celle des autres pays d'Asie, mais aussi par son processus de démocratie participative, le résultat du référendum ayant été suivi d'actions concrètes prises par le gouvernement de Tsai Ing-wen malgré un risque évident de perdre des électeurs plutôt conservateurs au profit du Kuo MinTang.

En décembre 2017, une réforme de la procédure de déclenchement d'un référendum populaire est ensuite adoptée par le Yuan législatif. Entrée en vigueur en janvier 2018, elle a significativement abaissé le nombre de signatures nécessaires à dépasser. En effet, de 2003 à 2017, le seuil étant trop élevé, toutes les tentatives de référendums populaires ont échoué. La procédure s'est alors vu attribuer le sobriquet de «cage à oiseau» (鳥籠公投). Désormais, les signatures de 0,1% de la population inscrite sur les listes électorales lors de la dernière élection présidentielle doivent être réunies. Les pétitionnaires sont ensuite chargés de réunir en six mois les signatures de 1,5% des inscrits et, enfin, de faire valider le projet auprès de la Commission électorale centrale (中選會). Cette dernière donnant son accord, le référendum est alors soumis au vote et le «oui» doit réunir la majorité absolue des voix et au moins 25% des inscrits.

Certains sujets ne peuvent être traités par référendum, comme la modification de la Constitution, le nom de l'île, ou encore de son hymne national, son drapeau ainsi que de ses frontières.

Un amendement de la loi électorale voté en juin 2019 prévoit par ailleurs que les référendums, locaux comme nationaux, ne peuvent être organisés qu'une fois tous les deux ans, et ce, à partir de 2021. Il y aura donc un «temps de référendum» distinct du temps des élections générales. Une procédure justifiée pour certains car évitant au scrutin référendaire de se mêler aux autres élections, comme cela avait été le cas lors des élections provinciales et municipales de 2018. Cependant, cette réforme n'a pas été épargnée par les critiques, du fait du délai supplémentaire alors imposé aux futurs référendums.

Après la révision de 2019, une sorte de «juste milieu» a été désormais adopté, de façon à permettre un fonctionnement plus harmonieux de cette «démocratie à la taiwanaise».

Dans ce contexte, l'épisode de Kaohsiung prend des couleurs très particulières.

Le 6 juin 2020, en effet, Han Kuo-yu, premier maire «nationaliste» depuis 1998 à être élu dans cette importante ville du sud, qui a été le troisième port mondial en matière de transbordement de containers (désormais seulement le quatorzième), infrastructure clé dans l'importance stratégique et économique de l'île, a perdu son poste.

C'est le résultat d'un processus en trois étapes définies par la Constitution taiwanaise (article 17), dont l'une des spécificités d'application, curieusement, remonte, même si elle était déjà inscrite dans la Constitution fondatrice de la République de Chine sur le Continent... à l'époque de la loi martiale, en 1975 (levée en 1986), permettant de déclencher un vote populaire à partir d'un premier «socle» de 1% du corps électoral (前項提議人人數應為原選舉區選舉人總數百分之一以上 ; article 76 de la loi sur la destitution des officiers publics 公職人員選舉罷免法).

En décembre 2019, l'aboutissement d'efforts acharnés de mouvements activistes de la ville de Kaohsiung fut le franchissement du premier seuil de 1% du corps électoral (environ 29000 signataires) et a permis, avant l'expiration du délai nécessaire de trente jours pour atteindre le second seuil de 10% du corps électoral, de lancer la procédure conduisant à la révocation du maire.

Simultanément, Han Kuo-yu, déjà maire de la ville depuis décembre 2018, faisait campagne pour être élu président de la République, mais échouait le 10 janvier avec un score dénotant sa faible popularité et reflétant l'inconfort de ses positions ambiguës sur les relations de l'île avec le Continent, au moment où les manifestations à Hong Kong exacerbaient dans la région le sentiment «antichinois».

Finalement, les deux seuils préalables ayant été franchis, le vote de révocation du maire a bien eu lieu le 6 juin 2020 et a donné un résultat clair, mais pour autant assez paradoxal. Élu dans un premier temps en 2018 avec une majorité indiscutable (54%), Han a rencontré l'hostilité de près d'un million d'électeurs (deux fois le nombre nécessaire pour déclencher sa révocation à la majorité simple d'un corps électoral déclaré représentatif dès qu'il dépassait les 25% des inscrits).

Han avait d'ailleurs incité ses soutiens à l'abstention. C'était une sorte de mouvement suicidaire (on verra plus bas à quel point le terme est approprié malheureusement) d'excès de confiance dans le soutien possible de sa base. Les votes s'opposant à sa révocation n'ont par conséquent pas dépassé 3 % du nombre de votes total.

Quels enseignements tirer de l'« expérience de Kaohsiung » ? Outre l'admiration légitime que suscitent l'audace et l'inusable volonté expérimentatrice des nouvelles formes de démocratie développées à Taiwan, il faut aussi rappeler que l'issue la plus tragique de ce vote n'a pas été le départ du maire, mais le suicide d'un membre de son équipe.

L'élimination d'un personnage très controversé dans le paysage politique taiwanais complique certainement l'avenir de l'ex-parti dominant (le Kuo Min-tang) mais accélère une nécessaire réflexion sur sa mission et sa place dans le débat démocratique taiwanais.

Mais cet épisode a aussi donné lieu à une déclaration tout à fait apaisante d'une Présidente (issue du Parti indépendantiste, qu'elle préside de nouveau aussi) se plaçant au-dessus de la mêlée, appelant à une réconciliation et à une accalmie dans le débat.

À la pointe des réflexions sur les nouvelles formes de démocratie, Taiwan a certainement la capacité d'illustrer et d'éclairer le débat qui s'accélère aussi au sein des « vieilles démocraties », touchant souvent leurs limites elles-mêmes. Mais cette capacité se double aussi d'une possibilité d'expérimentation, n'excluant pas des tensions très fortes au sein de la société, que permet surtout le mélange de jeunesse et de maturité qui caractérise la vie politique de l'île. Fortes du statut de « bastion avancé » de la pensée démocratique en Asie, face à des systèmes contraignants et délibérément hostiles à l'épanouissement d'une identité insulaire, la classe politique taiwanaise et la population sont capables de toutes les audaces, et c'est assurément un trait (sinon un « péché ») de jeunesse tout à fait stimulant. À l'inverse, la capacité, démontrée en 2019, de revenir sur les excès causés par la généralisation de référendums dont l'objet peut être justifié mais dont la mise en pratique peut mettre en question la lisibilité des résultats, est aussi une preuve de maturité de cette démocratie finalement dotée d'une histoire d'expérimentation et d'une capacité de recul supérieures aux nôtres.

Comme à l'époque où la nouvelle Constitution taiwanaise post-loi martiale s'élaborait, avec l'aide de constitutionnalistes venus d'Europe, et de France en particulier, un dialogue fructueux, cette fois plus paritaire, tenant compte des expériences respectives des deux mondes, celui qui est issu des révolutions des XVIIIe et XIXe siècles et celui qui résulte de la sortie des dictatures en Asie orientale, pourrait s'établir.

RÉINVENTER LA DÉMOCRATIE POUR LE MONDE D'APRÈS

par Julie de Pimodan | **24 juin 2020**

À la veille du second tour des élections municipales, Julie de Pimodan, CEO de Fluicity et présidente de ACTE[1], rappelle l'importance de moderniser la démocratie locale et insiste sur le rôle de l'État pour généraliser l'adoption de nouveaux moyens de participation.

De Nuit debout aux Gilets Jaunes, des marches pour le climat au mouvement BlackLivesMatter, les récentes mobilisations des citoyens français ont témoigné de leur volonté d'être entendus et de leur capacité d'agir.

De nombreuses initiatives participatives ont vu le jour depuis plusieurs semaines, pour imaginer ensemble – citoyens, entreprises et institutions — le monde d'après. Ces initiatives sont nécessaires si l'on souhaite mobiliser l'intelligence collective face aux crises économique, sociale, écologique et démocratique qui sont les nôtres. Toutes nous lient. Et toutes sont liées.

---

1. ACTE (Association Civic Tech Europe) est une association de *civic tech* européennes qui représente l'ensemble des technologies favorisant l'engagement citoyen et la participation démocratique grâce aux nouvelles technologies. Fondée par des représentants de *civic tech* de plusieurs États membres dont *Make.org*, *Novoville*, *Quorum*, *Civocracy* et *Fluicity*, elle est le premier interlocuteur des institutions européennes sur la question des civic tech.

En imaginant le monde d'après, nous avons surtout l'opportunité d'imaginer le système démocratique d'après, celui qui saura engager les citoyens dans la prise de décision, réduire la défiance envers les élus, permettre une écoute respectueuse des opinions, favoriser la co-construction. C'est tout l'enjeu des *civic tech* depuis plusieurs années.

Alors qu'en 2014 la *civic tech* était encore un secteur naissant, réservé aux territoires en pointe de l'innovation, de très nombreuses expérimentations ont été menées depuis, prouvant l'efficacité de ces acteurs pour augmenter le niveau de participation et responsabiliser les élus face aux besoins et aux attentes des habitants. Budgets participatifs, plateformes de consultations, technologies d'intelligence collective : aujourd'hui, la question n'est plus de savoir s'il faut consulter les citoyens et co-construire avec eux, mais comment le faire de manière efficace dans tous les territoires. Le confinement a prouvé aux décideurs le besoin de réinventer la manière dont ils interagissent avec les citoyens.

Malgré ce besoin grandissant, les villes n'avancent pas toutes à armes égales. Un fossé se creuse entre les grandes et les petites, parfois moins préparées financièrement et moins équipées pour innover en matière démocratique. 69 % des régions et 81 % des métropoles sont dotées d'outils numériques de participation citoyenne, contre 29 % seulement de grandes villes (plus de 100 000 habitants) et 4 % de petites et moyennes villes (de 5 000 à 100 000 habitants) selon la Banque des territoires. Un écart expliqué par la méconnaissance de ces nouvelles méthodes et par l'absence de budgets dédiés. Au lendemain de la crise du Covid et du confinement, peut-on souhaiter que la participation citoyenne reste l'apanage des grandes métropoles ?

Certains dispositifs ont déjà été mis en place par l'État pour aider les municipalités à maîtriser cette révolution des usages. L'Agence nationale de la cohésion des territoires a lancé son « pass numérique », la Banque des territoires publie des guides sur la démocratie numérique, la Direction interministérielle de la transformation publique vient de lancer un centre dédié à la participation citoyenne. Ces initiatives sont positives, mais les collectivités ont-elles vraiment l'opportunité de s'en saisir ? Nous sommes encore loin de la prise de contrôle du local et des maires sur laquelle s'est engagé le président de la République. Également loin de la prise en compte des contraintes du terrain et des difficultés financières que rencontrent nos élus locaux.

« L'organisation de l'État et de notre action doit profondément changer. Tout ne peut pas être décidé si souvent à Paris », déclarait le Président le 14 juin dernier, appelant à « libérer la créativité et l'énergie du terrain ». Pour aboutir, cette prise de conscience de l'État doit être accompagnée de moyens concrets qui permettront la modernisation de l'action publique.

Nous y voyons trois aspects :

- mettre en place des incitations financières permettant aux collectivités de s'équiper d'outils numériques de consultation et de participation citoyenne et d'expérimenter ;

- utiliser les appels à projets, comme les grands projets d'aménagement du territoire, pour généraliser l'adoption des consultations numériques à l'échelle locale;
- réadapter les dispositifs légaux pour favoriser l'adoption des *civic tech*. Certaines lois encadrent déjà des processus de participation, notamment la consultation ou le référendum local. Mais les contraintes inhérentes à leur bon usage et la complexité des règles les rendent tout simplement inopérantes.

Depuis 2014, les *civic tech* étudient, conçoivent, expérimentent. Leurs connaissances méthodologiques et leur position non partisane en font des interlocuteurs privilégiés pour élus locaux. L'Association Civic Tech Europe (ACTE) appelle l'État à mettre en œuvre une stratégie ambitieuse pour faciliter l'appropriation des *civic tech* partout dans les territoires. Car les démocraties représentatives vont devoir donner à leurs citoyens plus de moyens de participer au débat démocratique. Nous pensons que c'est une question de survie.

LIBÉRONS LA CRÉATIVITÉ ET L'ÉNERGIE DU TERRAIN !

par Alexandre Malafaye, Benjamin Grange,
Xavier d'Audregnies | **29 juin 2020**

La crise a montré à quel point les Français pouvaient être créatifs, résilients, solidaires, responsables. Mais il serait terriblement dommage d'en rester là. Le moment n'est-il pas venu de transformer l'essai et, ainsi, de commencer à donner vie à la promesse du « renouveau démocratique » ?

À quelque chose malheur est bon... Durant cette crise sanitaire, et pour pallier les défaillances de l'État central, les Français ont montré une fois de plus leur esprit d'initiative constitué de bonne volonté, de fronde vis-à-vis des solutions toutes faites, d'une débrouillardise atavique et d'un sens aigu du bricolage. Il suffisait de lire la presse régionale (qui, elle aussi, a su magnifiquement s'adapter avec les moyens du bord à une situation difficile) pour voir la floraison de solutions de terrain. Ici, on a organisé la fabrication de masques par des couturières volontaires, là on a mobilisé la distillerie locale pour fabriquer du gel hydro-alcoolique, ailleurs les pompiers dressaient leurs chiens pour détecter les personnes contaminées, plus loin on inventait un cheminement à l'intérieur du marché pour éviter tout contact, là-bas on organisait le soutien aux soignants (logement, garde d'enfants, repas...) pour qu'ils puissent se concentrer sur leur travail. Dans un registre plus scientifique, c'est à Marseille que l'on a développé un protocole de soins qui a semblé être efficace, et c'est à Montpellier qu'on a mis au point un test salivaire rapide.

Le Président l'a reconnu dans son allocution du 14 juin: «Face à l'épidémie, les citoyens, les entreprises, les syndicats, les associations, les collectivités locales, les agents de l'État dans les territoires ont su faire preuve d'ingéniosité, d'efficacité, de solidarité.» Et il en a tiré la conclusion que «tout ne peut pas être décidé si souvent à Paris. [...] Libérons la créativité et l'énergie du terrain. Je veux ouvrir pour notre pays une page nouvelle donnant des libertés et des responsabilités inédites à ceux qui agissent au plus près de nos vies.»

Fin de la verticalité descendante, et du pouvoir jupitérien? Chiche! Si cette crise avait permis une prise de conscience que le pouvoir au IIIe millénaire ne peut plus être vertical et descendant, ce serait une bonne nouvelle! Ce serait reconnaître une évidence: on ne peut pas mener une nation constituée de citoyens responsables, éduqués et informés, comme on menait les masses illettrées du XIXe siècle. C'est impossible pratiquement, car les gens n'acceptent plus les décisions qu'ils n'ont pas comprises ou admises. Mais, surtout, cela constitue un gaspillage d'intelligence collective. Place donc à la participation citoyenne aux décisions publiques. En vérité, l'objectif est simple à énoncer: il s'agit de libérer les initiatives locales et d'écouter les «faiseurs», expliquer leurs succès, plutôt que de laisser les «diseurs» penser à leur place.

C'est simple, mais c'est une révolution copernicienne pour le fonctionnement de l'État, dont la légitimité venue «du haut» est forcément verticale et descendante, et dont le mode d'action privilégié est la création de normes «générales et impersonnelles». Cette méthode a certes été nécessaire dans les siècles passés pour résister aux risques de dilution de la société et d'éclatement du pays. C'est elle qui a permis de bâtir la nation française, en pliant les Français des différentes régions aux mêmes lois, aux mêmes normes, et au même ordre. Mais, aujourd'hui, ce paradigme n'apporte plus l'efficacité nécessaire, laquelle commande d'utiliser au maximum les intelligences humaines disponibles.

On pourrait croire que la propension au dirigisme central s'affaiblirait devant la volonté de participation des citoyens qui devient chaque jour plus forte, à mesure que la population est de mieux en mieux informée. C'est le contraire qui se passe, car les outils numériques permettent, aujourd'hui encore plus qu'hier, aux dirigeants nationaux de connaître instantanément les problèmes en tous lieux du territoire, et de prétendre les gérer depuis les bureaux parisiens.

En réalité, il faut choisir de parier, en matière de gouvernance publique, sur l'intelligence collective des hommes plutôt que sur l'intelligence artificielle des machines.

Comment faire? Faut-il créer un nouvel organe constitutionnel? Les uns parlent d'un ministère de la Citoyenneté, d'autres d'une Haute Autorité à la participation citoyenne. En réalité, tout existe déjà. Nombreuses sont les institutions qui, théoriquement, sont à l'écoute des citoyens: CESE, CESER, défenseur des droits, CNDP, sans compter les dizaines d'Autorités et Hauts Comités spécialisés.

Il suffirait donc de le vouloir, et de faire cesser les querelles de chapelle qui conduisent ces différents organismes (et leurs présidents, forcément éminents) à se penser les seuls détenteurs de la parole citoyenne et, par conséquent, à ne plus écouter lesdits citoyens.

Pourquoi ne pas mettre les CESER en réseau, coordonné par le CESE national? Pourquoi ne pas rattacher la CNDP (qui a acquis un savoir-faire affirmé en matière de gestion de débats dans la population), ainsi que les diverses institutions spécialisées, au CESE, qui deviendrait ainsi la tête de réseau de l'expression citoyenne? Pourquoi ne pas imaginer, sur le modèle britannique, un droit citoyen de saisine du CESE, à partir de 10 000 signatures, par exemple?

Il n'y a pas que l'expression citoyenne, le «dire». Il faut aussi libérer le «faire», c'est-à-dire la possibilité d'expérimenter des solutions locales, quitte à les déclarer provisoires jusqu'à leur validation par les autorités compétentes. Dans les années 1970, beaucoup d'innovations ont été lancées ainsi. Lorsqu'une idée semblait intéressante, on lançait une expérience de terrain, dans un lycée, un département, un hôpital, qu'on baptisait «lycée pilote», ou «département pilote»; on déroulait l'expérimentation pendant plusieurs mois, avant d'en tirer les enseignements. Pourquoi ne sait-on plus procéder ainsi?

Il conviendrait donc que, pour le moins, les administrations parisiennes laissent un pouvoir d'initiative, et une capacité d'aménagement des réglementations aux représentants locaux de l'État (qui, après tout, sont leurs collègues) pour trouver des solutions imaginatives aux problèmes concrets qui se posent aux citoyens. Et qu'elles encouragent ces mêmes fonctionnaires (au plus près du terrain, c'est-à-dire au niveau de la sous-préfecture) à prendre l'habitude de concevoir les solutions en associant les forces vives: élus locaux, entrepreneurs, associations, universités, etc. Cela implique que les représentants locaux de l'État, ainsi que les élus locaux, fassent évoluer leur rôle. Dans la nouvelle architecture de la décision publique, la fonction des autorités institutionnelles n'est plus seulement de disposer de l'exclusivité de la décision et d'en porter la responsabilité, mais de faciliter l'expression des souhaits et la prise d'initiative des citoyens, de valider les propositions pertinentes et réussies, et de capitaliser les bonnes expériences.

Plus de pouvoir d'initiative, donc. Mais plus que de pouvoir, ce dont ont besoin les autorités qui décident de jouer le jeu de la participation citoyenne, c'est d'une forte volonté d'y parvenir, et de méthodes de travail adaptées. Certains maires de petites villes ont lancé des démarches en ce sens. Au début balbutiant, le mouvement s'est organisé en marchant, et ces communes vivent désormais une vraie démocratie de proximité, utilisant tous les outils qui en permettent l'exercice: réunions et débats publics, commissions extramunicipales ouvertes aux citoyens, budgets participatifs, etc.

Plus que d'une nouvelle instance, ou une nouvelle architecture juridique des pouvoirs, souvent décevantes, on aurait enfin besoin de formations solides pour apprendre aux membres du corps préfectoral (dans un premier temps), et aux élus locaux (dans un second temps), leur nouveau métier, qui consiste à organiser le travail collectif et la délibération citoyenne.

En somme, il n'est pas besoin de bouleverser une nouvelle fois (en vain, probablement) la Constitution qui n'en peut plus. Toutefois, utiliser les ressources humaines de la Nation suppose trois choses, et trois seulement : y croire, le vouloir, et se donner les moyens de le faire vraiment.

L'époque nous présente une fenêtre d'opportunité pour lancer à grande échelle cette démarche de libération des énergies. Ne la gaspillons pas !

IL EXISTE AUSSI UNE COURBE D'APPRENTISSAGE DES PROJETS PUBLICS

par Xavier d'Audregnies | **8 juillet 2020**

Après des décennies de vie politique et de conduite des projets publics guidées par le court-termisme, n'est-il pas temps de renoncer à la précipitation ? Une bonne gouvernance devrait conduire à prendre des décisions à partir d'une réalité vérifiée et d'une évaluation sérieuse de leurs conséquences.

Tous les ingénieurs de production savent cela. Quand la décision est prise de monter un projet, que ce soit une nouvelle usine, une nouvelle ligne de produits ou un nouveau processus de production, il faut au moins plusieurs mois, voire plusieurs années avant d'en maîtriser la fabrication.

Il faut que les acteurs – les ingénieurs, les opérateurs, les logisticiens, les planificateurs – acquièrent, chacun pour sa part, l'expérience de cette nouvelle production. Il leur faut s'appuyer sur les expériences antérieures, maîtriser les gestes techniques, dominer les logiciels afin d'en tirer le meilleur, prévoir la circulation des informations utiles. Il faut en outre que les différents métiers s'ajustent l'un à l'autre sans trous ni recouvrement : les deux écueils seraient préjudiciables à la bonne marche de l'ensemble.

C'est donc d'un savoir-faire collectif dont il s'agit, difficile à acquérir, et long à mettre en place. Bien entendu, plus le projet est ambitieux, plus ce savoir-faire requerra d'efforts et de temps pour s'élaborer. Savoir fabriquer et faire fonctionner une centrale nucléaire, envoyer une fusée vers la Lune, cela ne se fait pas en une semaine. Il y faut du temps et beaucoup d'énergie.

En revanche, il suffit de quelques mois pour que ce capital, si précieusement acquis, disparaisse. Que les équipes se dispersent, que les installations soient abandonnées, que les modes d'emploi soient oubliés, et c'est définitivement que le savoir-faire sera perdu. Il faudra alors repartir de zéro si l'on souhaite relancer la production.

C'est ce phénomène que la France abasourdie a vérifié à ses dépens lors de l'épidémie de Covid-19. Pour ne plus fabriquer de masques, de respirateurs ou de paracétamol, la France s'est vue incapable d'en fabriquer à bref délai. Relancer des filières industrielles, même pour des objets assez simples comme le masque de protection (à la vérité, il s'agit d'un rectangle de textile non-tissé tenu par deux élastiques!), prend un certain temps. Cela nécessite un savoir-faire industriel, une chaîne d'approvisionnement, des machines idoines, des techniciens et des opérateurs. Et la France ne possède plus ces ingrédients élémentaires.

Il en va de même pour les savoir-faire en matière de politiques publiques. Concevoir et mettre en œuvre une politique de sécurité, une politique d'aménagement de l'espace, une politique du logement, une politique de défense, cela nécessite aussi du temps et du travail. C'est l'accumulation de pensées, de techniques et de talents issus de plusieurs métiers et qui se conjuguent pour constituer une organisation efficace et performante, capable de délivrer le produit fini attendu. Il y faut une théorie générale, la maîtrise de toutes les techniques, et les gestes justes des travailleurs.

La France disposait naguère de ces savoir-faire publics, élaborés pour certains depuis plusieurs siècles. Le ministère de l'Équipement, héritier des « Ponts et Chaussées », savait imaginer et conduire des politiques d'aménagement, de logement, de transport et d'infrastructures. C'est ce ministère qui a mené, pendant les Trente Glorieuses, la reconstruction du pays, modernisé les logements des Français, couvert le territoire de routes, de ponts et de tunnels, bâti les ouvrages publics nécessités par les nouveaux standards de vie. Et le tout, en encaissant une inimaginable croissance de la population, due pour partie à l'accroissement naturel, et pour partie au retour des rapatriés et au début de l'immigration (la France passe de 40 millions en 1945 à 55 millions en 1980) !

Le ministère de l'Industrie, héritier des « Mines », a, dans la même période, rebâti une industrie sur les décombres de celle d'avant-guerre, développé de nouveaux secteurs, assuré l'indépendance énergétique du pays (Elf; EDF; le programme nucléaire), lancé les ancêtres des ordinateurs et jeté les premières bases du programme spatial.

Le ministère de l'Agriculture a assuré à la France de l'après-guerre son indépendance alimentaire, hissé les productions nationales à un niveau de compétitivité leur permettant de supporter la concurrence internationale et l'ouverture des frontières, fabriqué des champions agroalimentaires nationaux et géré au mieux la transition humaine nécessaire à cette révolution (il y a aujourd'hui 1 million d'agriculteurs, contre 10 millions en 1945).

On pourrait ainsi multiplier les exemples. Certes, les réalisations de ces puissantes administrations peuvent, rétrospectivement, être critiquées. Fallait-il construire les ZUP ? Fallait-il développer le nucléaire ? Fallait-il promouvoir l'agriculture intensive ? Avec le recul, et en sachant ce que l'on sait aujourd'hui, certains pourront penser qu'il ne le fallait pas, ou pas ainsi. Il n'empêche que le pouvoir politique disposait alors du savoir-faire technico-administratif capable de lancer des politiques publiques ambitieuses avec une bonne chance de succès.

Depuis quelques décennies, l'idée s'est imposée, sous la pression des théories libérales (omniprésentes à Bruxelles), qu'il était inutile de maintenir à grands frais des bataillons d'ingénieurs et de techniciens publics. Ainsi donc fut fait, et les gouvernants, par conviction libérale ou par simple facilité budgétaire, se sont progressivement séparés de leurs corps techniques. Aujourd'hui, à l'exception du secteur de l'armement, la maîtrise d'ouvrage publique a disparu. Il n'existe plus, aux côtés des ministres, d'expertise capable de préciser les commandes des responsables politiques et de négocier avec les fournisseurs les prestations et les prix. Or on n'achète pas une politique du logement, des transports, de la transition écologique, ou de la cybersécurité, sur catalogue comme on achèterait un kilo de sucre ou un paquet de lessive. Et la nomination, à grand renfort de communication, d'un « monsieur » ceci ou cela ne change rien à l'affaire. Il s'agit de savoir-faire qui sont par nature collectifs et qui se bâtissent dans la durée.

Les décideurs politiques se sont ainsi, peu à peu, condamnés à l'impuissance. C'est vrai au niveau national, et ce l'est encore davantage au niveau local. On voit chaque jour des maires acheter des ronds-points, des parkings, des lotissements ou des centres commerciaux clés en main, sans réflexion sur les conséquences en matière d'entretien, de desserte, de durabilité, de sécurisation de tels équipements.

Au niveau des États, le manque de maîtrise d'ouvrage publique est une des causes méconnues de la détresse des démocraties européennes. Le scénario se répète à chaque élection. Faute de relais technico-administratif, les responsables politiques sont incapables de traduire en actes visibles par leurs concitoyens les visions d'avenir qu'ils ont dessinées pendant la campagne électorale (et qui sont généralement pertinentes et séduisantes). La population en déduit naturellement qu'ils sont, au mieux incompétents, au pire menteurs. Dans les deux cas, c'est catastrophique pour la démocratie. Ainsi délégitimée, elle devient peu à peu inutile aux yeux de beaucoup. Dès lors, le terrain est libre pour des expériences gouvernementales aventureuses.

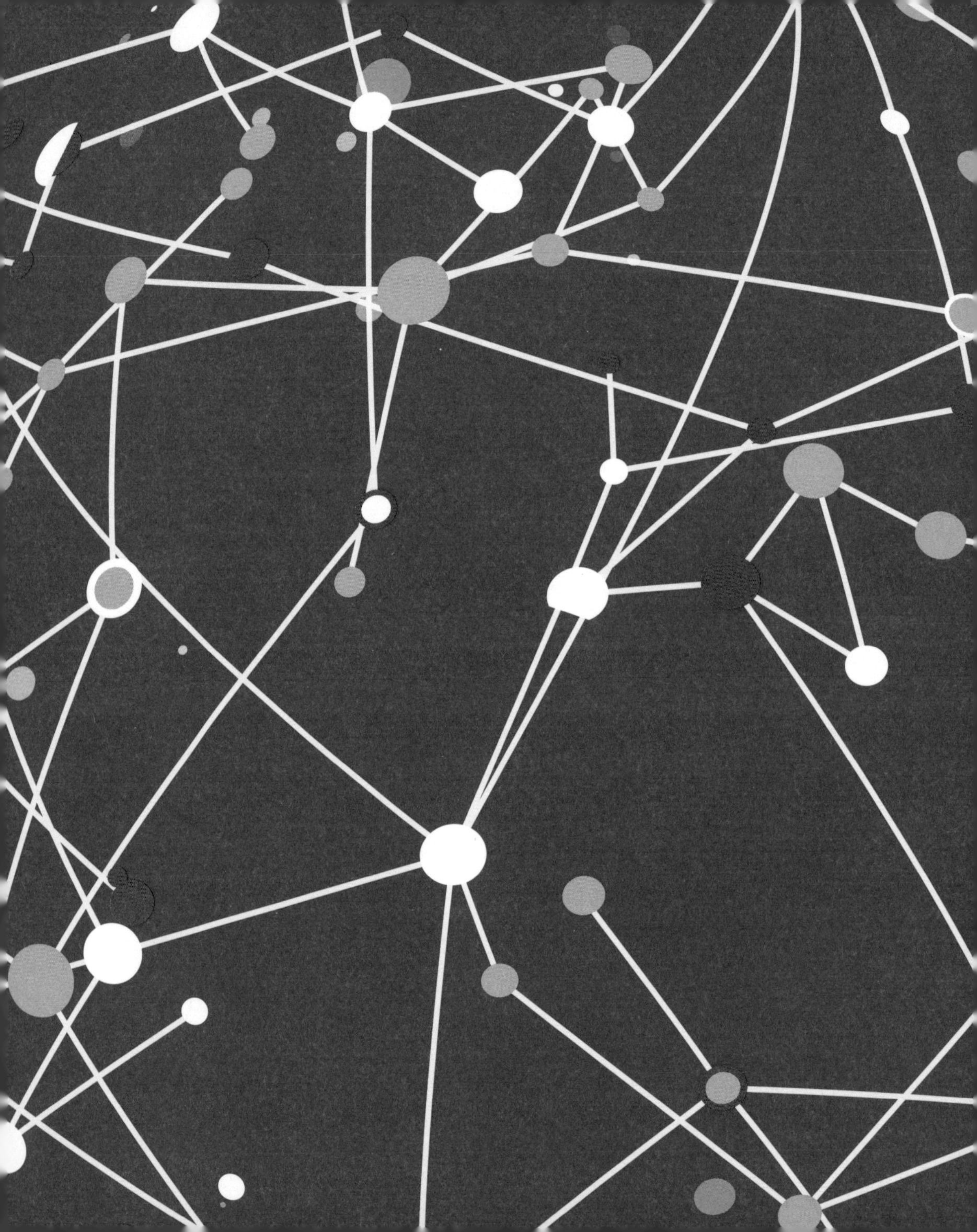

CHAPITRE 3

GOUVERNANCE PRIVÉE : PARTAGE DE LA VALEUR ET COHÉSION AU TRAVAIL

ENTREPRISES ET PARTAGE DE LA VALEUR : L'URGENCE DE S'Y ATTAQUER

par Alexandre Malafaye | **11 novembre 2019**

L'enjeu du partage de la valeur dépasse de loin les questions d'intéressement, de participation et d'écarts de rémunérations. Il interroge la place et le rôle des entreprises dans la société actuelle qui remet en cause certains postulats du néolibéralisme. Il touche aussi au lien de confiance entre les citoyens et les acteurs économiques.
Cet article a été publié dans* L'Opinion *le 12 novembre 2019.

En janvier 2018, nous avions publié une chronique intitulée « Le partage de la valeur, mère de toutes les batailles ». Ce postulat fut renforcé en mars 2018 par un sondage Ifop pour Synopia : 83 % des Français jugeaient alors que la richesse produite par l'entreprise n'était pas partagée de façon équitable avec ses parties prenantes. Un résultat sans appel, qui confirme la nécessité, et l'urgence, d'« inventer le capitalisme du XXIe siècle » (propos de Bruno Le Maire).

Vaste programme, certes, mais depuis deux ans le sujet du partage de la valeur s'est installé dans le débat national et mobilise le gouvernement et le législateur, la loi « Pacte » en étant l'illustration la plus flagrante (chapitre III : « Des entreprises plus justes » et section I : « Mieux partager la valeur »). Un travail qu'il convient de replacer dans la dynamique mondiale des

Objectifs de développement durable (ODD) initiés par l'ONU et leur déclinaison en 17 « défis mondiaux », parmi lesquels la lutte contre la pauvreté et les inégalités. En effet, aucun espoir de paix durable ne sera possible tant que la richesse des uns (une très petite minorité) sera perçue comme étant le corollaire de la pauvreté des autres (une grande majorité). Si la réalité est bien plus complexe, il est impératif de prendre en compte cette perception partagée par le plus grand nombre.

Combat planétaire. Ce combat-là est donc planétaire et chaque pays, à l'instar de la France, doit y prendre sa part. Le fait qu'il soit « vieux comme le monde » ne doit conduire ni au fatalisme ni à l'immobilisme. L'accès universel à l'information rendra impossible la persistance longue de ces dérèglements que la mondialisation et la financiarisation de l'économie ont accentuée au-delà du raisonnable. Les peuples ne le toléreront pas. Et les nouvelles générations encore moins. Leur quête de sens et leur engagement pour le climat montrent qu'ils n'acceptent pas l'héritage des générations précédentes.

Demain, ils s'attaqueront au partage de la valeur, notamment lorsqu'ils établiront un lien de causalité entre la fabrication excessive de richesses – qui profitent à la « très petite minorité » – et la dégradation de notre planète. Ce qui reviendra, à terme, à remettre en cause un principe établi au cours du siècle des Lumières – à savoir, la mise sur le même plan de la liberté et de l'égalité. Autrement dit, il sera considéré que la liberté des uns, qui s'enrichissent trop, nuit à l'égalité des autres, les assignés à la pauvreté, ceux qui subissent les conséquences de tous les dérèglements du monde. De là à sonner le glas de la liberté, il n'y a qu'un pas.

L'ouverture d'un vrai débat sur le partage de la valeur ne saurait donc être esquivée plus longtemps. L'absence de toute remise en cause compromet la soutenabilité du modèle capitaliste dans sa forme et ses pratiques actuelles. Et si chaque pays doit s'engager, il échoit d'abord aux entreprises, à commencer par les plus grandes, de s'y investir pleinement. Elles y auraient intérêt : un nouveau sondage Ifop-Synopia (octobre 2019) montre qu'aux yeux des Français la valeur serait mieux partagée dans les TPE (57 %) et les PME (48 %) que dans les ETI (34 %) et les grandes entreprises (29 %).

Autre constat : 67 % des Français sondés considèrent que les entreprises n'adopteront pas un comportement responsable d'elles-mêmes et qu'elles attendront l'effet de nouvelles contraintes législatives (34 %) ou la pression du citoyen consommateur (33 %). C'est d'ailleurs ce qui se passe dans le domaine agroalimentaire avec la plateforme citoyenne Yuka, qui impose aux acteurs de la filière de se remettre profondément en question, faute d'être boycotté par les consommateurs.

Cela posé, attaquons-nous aux mots et à leur portée. Si l'on comprend la « valeur » comme un simple gâteau qu'il conviendrait de mieux « partager » entre les parties prenantes, nous entrons dans une triple impasse :

- celle de réduire l'entreprise à une finalité unique, la création de richesses ;

- celle du cercle vicieux, qui aboutit à la contestation permanente du partage, chaque tranche pouvant être jugée trop petite par les uns, ou trop grande par les autres;
- survivre (concurrence, compétitivité, rémunération du capital, bouleversements technologiques, pressions sociales et sociétales, risques réputationnels, évolutions permanentes des législations et des règlements, des normes ESG, RSE, etc.).

Il convient donc d'élargir le champ de vision, car l'empreinte de l'entreprise n'est pas seulement économique et écologique. Elle est aussi territoriale, sociale, sociétale et éthique. Les architectes du Rana Plaza au Bangladesh et les victimes de la catastrophe en savent quelque chose (l'effondrement de l'immeuble en avril 2013 avait fait 1127 morts).

Dès lors, plutôt que de parler du partage de la valeur dans l'entreprise, qui fixe aussitôt l'attention sur le partage de la valeur ajoutée (et du rapport de force permanent entre la rémunération du capital et du travail), il conviendrait de traiter du partage des valeurs. Ce glissement sémantique nous renvoie à l'article 169 de la loi « Pacte » qui propose aux entreprises de passer de la raison d'avoir (« l'intérêt commun des associés », selon la version *ante* du Code civil) à la « raison d'être, constituée des principes dont la société se dote et pour le respect desquels elle entend affecter des moyens dans la réalisation de son activité ».

Cette définition, aussi subtile soit-elle, ouvre de nouveaux horizons et pose la pierre sur laquelle il est désormais possible de s'appuyer pour passer aux travaux pratiques, en s'attaquant au partage des valeurs générées par l'entreprise. Attention cependant à ne pas céder à la facilité en se réfugiant derrière la confortable « responsabilité sociale et environnementale », et en laissant encore et toujours la *soft law* américaine fixer les règles de la conformité et de la moralité en Europe. D'ailleurs, selon le même sondage Ifop pour Synopia, les Français ne s'y trompent pas: ils sont 50 % à considérer que la RSE ne change rien au partage de la valeur. Pour eux, ce n'est que de la communication.

Il s'agit donc de considérer l'entreprise comme un écosystème, connecté à toutes ses parties prenantes et acceptant de cogérer avec elles, de façon dynamique, compétitive, raisonnable et responsable, la création et le partage des valeurs matérielles, immatérielles et éthiques générées par les interactions et les interrelations de l'ensemble. Si cette définition est encore loin de décrire la réalité, et si l'entreprise reste *in fine* maîtresse de son destin, il serait illusoire de croire que le monde nouveau dans lequel nous sommes entrés de plain-pied en une décennie, sous l'effet de la révolution numérique, ne bousculera pas les concepts et les codes de gouvernance des entreprises.

Nous pouvons, bien sûr, en douter mais, dans un autre registre, qui aurait pu prédire, à part quelques observateurs sensibles aux signaux faibles, que la démocratie représentative serait aujourd'hui challengée par la démocratie directe ? Qui sait si, demain, ce n'est pas le concept d'« entreprise directe » qui s'imposera ?

Pour l'entreprise, aborder frontalement l'enjeu du partage des valeurs n'est ni facile ni, de prime abord, stimulant. Mais, pour ses dirigeants, c'est faire preuve de courage et de lucidité. Pour trois raisons, au moins:

- éviter de subir la pression des populations ou les foudres du législateur si rien ne bougeait;
- contribuer à restaurer l'image de l'entreprise afin de tisser de nouveaux liens de confiance;
- enfin, dans un monde «archipellisé» (cf. le livre de Jérôme Fourquet) et en proie aux vagues dégagistes, faire des entreprises de véritables acteurs de la société de demain.

À la clé, c'est le futur paysage des entreprises qui pourrait bien se dessiner avec, d'un côté, celles qui auront amorcé leur transformation responsable et, de l'autre, celles de l'ancien monde qui restent figées sur leur conception à sens unique du partage. De toutes les façons, en dernier ressort, il y a fort à parier que le citoyen consommateur se chargera de séparer le bon grain de l'ivraie.

UNE JUSTE EXPRESSION DE LA VALEUR

par Benjamin Grange | **17 septembre 2020**

« L'entreprise doit faire des profits, sinon elle mourra. Mais si l'on tente de faire fonctionner une entreprise uniquement sur le profit, alors elle mourra aussi car elle n'aura plus de raison d'être », disait Henry Ford. Pourtant, selon la théorie classique libérale véhiculée par Milton Friedman, le profit correspond à la seule finalité de l'entreprise. Depuis quelques années, la situation a largement évolué en ancrant de plus en plus l'ESG (critères Environnementaux, Sociaux, de Gouvernance) dans le quotidien des entreprises avec des impacts positifs à la clé. Retour sur les raisons d'un changement vertueux.

Historiquement, les ultralibéraux soutiennent que le profit constitue la seule contrepartie du risque pris par les dirigeants et les actionnaires. Chacun chez soi, pourrait-on dire. Les entreprises se concentrent sur la recherche de profit, et l'État sur les problèmes de la société, de l'environnement et sur le social. Mais cette vision un peu étroite de la finalité de l'entreprise commence à être sérieusement challengée. Même si depuis trente ans on a simplifié les objectifs économiques de l'entreprise à servir des dividendes, aujourd'hui trois lignes de force tendent à faire bouger les lignes : la prise en compte de la réalité de la mondialisation, l'utilité de disposer d'une finalité ou mission claire à l'entreprise, et l'opportunité de contreparties économiques à l'atteinte d'objectifs extrafinanciers (objectifs environnementaux, sociaux ou de gouvernance). Ces trois lignes contribuant directement à nourrir la pérennité de l'entreprise.

Réalité de la mondialisation

Loin d'un fléchissement altermondialiste, les entreprises ont pris conscience, progressivement, de leur rôle sociétal et des impératifs qui leur sont aujourd'hui dévolus, moins par altruisme que par pragmatisme.

Les multinationales sont devenues trop grosses, trop exposées partout dans le monde sur tous les marchés, pour ne pas se soucier de l'état de la planète et des inégalités. Difficulté de sécurisation des chaînes logistiques post-Covid, nouvelle guerre froide États-Unis - Chine, exigence des consommateurs (Yuka, etc.)... constituent des facteurs qui incitent au changement. Même les fonds de pension les plus libéraux (BlackRock, Vanguard, State Street, CalPERS...) intègrent désormais des critères environnementaux, sociaux et de gouvernance (ESG). Ces critères constituent généralement les trois piliers de l'analyse extrafinancière et de la manière dont l'entreprise exerce sa responsabilité vis-à-vis de l'environnement et de ses parties prenantes: salariés, partenaires, sous-traitants et clients.

Finalité claire

La finalité doit être recherchée davantage à l'extérieur de l'entreprise elle-même. En fait, elle doit puiser sa source dans un objet plus large comme la société, puisqu'elle en est l'un des acteurs. Loin du slogan marketing, si la finalité est communiquée, elle doit être authentique et exprimer en quoi l'entreprise contribue à la société. Par exemple: Lego: «Inspirer et développer les constructeurs de demain»; Decathlon: «Le sport partout, pour tous»; Google: «Rendre les informations accessibles et utiles à tous»; Essilor: «Améliorer la vision pour améliorer la vie». La finalité procure des bénéfices immédiats. Tout d'abord, la motivation intrinsèque des collaborateurs peut s'exprimer clairement face à une finalité claire: en tant que collaborateur, je sais pourquoi je travaille. Je sais à quoi je contribue pour la société. Une finalité claire oblige l'entreprise à «faire le ménage» dans ses activités. À titre d'exemple: «Vouloir contribuer à donner une nourriture saine au plus grand nombre» invite à se séparer d'activités liées aux spiritueux. Certains vont jusqu'à adopter le statut d'entreprise à mission, pour ancrer définitivement leur engagement et permettre de se faire évaluer par des tiers extérieurs et neutres.

Contrepartie économique

Comment bénéficier de l'impact économique de l'atteinte d'objectifs ESG? En effet, si l'entreprise est encore évaluée sur des objectifs essentiellement économiques, ne peut-on pas trouver des moyens de traduire les résultats obtenus en matière d'ESG dans cette grammaire? Le groupe Danone, par exemple, a contracté un prêt de plusieurs milliards d'euros, dont les intérêts diminuent par paliers, selon l'atteinte d'objectifs définis par la mission d'entreprise. En complément, l'ESG participe à la valorisation de l'entreprise. Les actifs intangibles pesant pour 50% de la valeur des entreprises du CAC40. Cultiver les facteurs de pérennité comme l'ESG est un moyen direct de doper ses actifs intangibles et donc de contribuer à favoriser une survalorisation.

Autant de faits qui doivent inciter à l'accélération de cette démarche d'expression plurielle de la valeur de l'entreprise, dont l'ESG n'est qu'une des composantes.

MÉRITER LA TRANSPARENCE

par Christian Pousset | **29 mai 2020**

La transparence n'est peut-être pas une fin en soi, mais elle est un outil à bien manier pour créer de la confiance, de l'adhésion, et donner du sens. En définitive, ne serait-elle pas d'abord une question de lisibilité ? Cet article a été publié sur le blog du média* Widoobiz *le 26 mai 2020.

Une fois n'est pas coutume, je veux parler de choses qui m'arrivent, personnellement. Le propre des périodes complexes, troublées, c'est d'avoir, face à soi, des parties prenantes qui réclament de la transparence. Cette sacro-sainte transparence est multiple ; elle relève à la fois de l'exigence, de la démonstration du réel et du besoin de compréhension.

La transparence comme exigence, c'est la dimension transactionnelle, le préalable à une discussion. Mon interlocuteur, quel qu'il soit, pose le postulat que je suis avec lui dans une démarche de transparence. Pour ce qui touche à la démonstration du réel, elle s'apparente plus à une mise en perspective des faits, à l'écriture d'un sens. La compréhension, enfin, entre dans la sphère de la pédagogie, dans une forme d'adaptation du discours.

Une fois ce constat posé, on comprend, très rapidement, les sources d'écueil, les jeux. Répondre à cette inspiration implique un certain nombre de prérequis. En termes transactionnels, il faut que l'autre, cette personne en attente, se pose dans une posture adulte, raisonnée. On ne donne pas de la transparence comme ça, au passage. Il y a une maturité de la décision. La transparence fait peur, c'est comme ça. Dans le réel, il faut donc enlever ce niveau de doute, s'appuyer sur la preuve. Dans la compréhension, enfin, il faut assumer, ne pas avoir peur.

Que l'on soit patron d'une TPE ou à la tête d'un exécutif plus large, on s'aperçoit très vite que l'on doit doser le niveau de transparence. Non pas pour tromper, mais pour accompagner. Il faut, *a minima*, une notion de calendrier, de séquençage, on ne livre pas tout sans mesurer les enjeux de temporalité. Le temps long, en période de crise qui plus est, c'est de la pure fiction; le temps court, c'est une forme de trahison. Il faut laisser le temps du cheminement à ses interlocuteurs, l'ordonner. Le salarié, par exemple, exige la transparence, mais il ne veut pas pour autant d'informations purement anxiogènes. La transparence brute est violente, elle pose un niveau de doute difficilement acceptable. Si l'on était vraiment transparent, alors il faudrait poser ce postulat: «Je ne suis pas sûr de la moitié des choses que j'avance...»

Pour mériter la transparence, il faut donc que les parties soient capables de supporter la peur, le doute. C'est un exercice de vérité, rien n'est certain. Le faux est beaucoup plus sûr que le vrai. Il faut agir en pointilliste, donner, dans un calendrier choisi et maîtrisé, des points de transparence. Il ne s'agit pas de manipuler, de dissimuler, mais plutôt de refréner son envie intime de livrer en temps réel une vérité. Il faut comprendre qu'un corps social est en interaction avec les annonces faites, elles ne sont pas neutres. Il faut donc en permanence contextualiser, relier entre eux des éléments pour adresser une vision d'ensemble, non édulcorée, mais sécurisante par son ordonnancement. Donner du sens, encore et toujours.

DU TÉLÉTRAVAIL À L'*OPEN-TRAVAIL*, VERS UN NOUVEAU PARADIGME POUR LE TERTIAIRE

par Christophe Harrigan | **16 juin 2020**

***À la suite du confinement, La Mutuelle générale a décidé de poursuivre l'expérience du télétravail choisi, en développant le concept de l'« open-travail ». Sur le plan opérationnel, les défis sont considérables, mais ils sont également porteurs de grands espoirs (la place de l'Homme, l'aménagement des territoires, etc.). Cet article a été publié le 15 juin 2020 dans la rubrique « Décideurs » du* Figaro.**

Jusqu'à la crise sanitaire que nous venons de connaître, les entreprises expérimentaient le télétravail en mode mineur: une journée de travail à distance en général, voire deux journées pour les plus audacieuses d'entre elles. Il s'agissait bien souvent d'épargner au salarié un temps de transport nuisible à un bon équilibre de vie, en l'autorisant à travailler dans un environnement personnel préalablement validé (un espace réservé, une qualité suffisante de connexion à distance, et des enfants à l'école!). Ce télétravail mineur était plutôt l'apanage des cadres et cadres supérieurs.

La crise sanitaire et son obligation de confinement nous ont plongés dans une nouvelle forme de télétravail, une sorte de *family-travail*. Tous les collaborateurs, cadres et non-cadres, ont subi une situation inédite : devoir assurer leurs missions professionnelles dans un espace non dédié, partagé avec conjoints et enfants, le cas échéant, tout en gérant alors l'éducation des enfants, la préparation des repas (qui n'étaient plus apportés par la restauration), et en partageant une connexion Internet devenue vitale pour tout le monde, même si très inégale en débit. Ce *family-travail* constitue encore aujourd'hui un équilibre instable, tel que décrit par les lois de la physique : un équilibre qui n'a pas vocation à durer, et doit être remplacé par un nouvel équilibre, à nouveau stable.

Même passablement amélioré, revenir à l'équilibre précédent ne sera satisfaisant ni pour les salariés ni pour leurs employeurs, qui doivent désormais composer avec la crainte d'une situation sanitaire non résolue, ou reproductible au gré de n'importe quel autre virus agressif.

Alors, c'est bien une nouvelle organisation de nos modes de travail que nous devons imaginer et mettre en œuvre. Ce nouvel équilibre stable, que j'appelle de mes vœux, c'est ce que d'un néologisme imparfait je nomme l'*open-travail*. De quoi s'agit-il ? C'est une autre voie, bien plus audacieuse et porteuse d'une nouvelle société française où une partie des inégalités et les aberrations d'un État centralisé pourraient être estompées. C'est une voie que les entreprises tertiaires mais aussi les collectivités locales peuvent emprunter.

L'*open-travail*, c'est le salarié qui choisit son lieu de vie personnel et l'entreprise qui s'adapte à ce choix. C'est un travail qui s'exerce de n'importe où, et ce qui doit primer, c'est que chaque salarié dispose d'un lieu de vie agréable et d'un temps de transport négligeable. Ce qui doit primer, c'est le choix du salarié de son lieu de vie, de son mode de transport, et ce ne sont pas les contraintes imposées par la localisation géographique des sites de travail de son employeur. C'est la qualité de vie personnelle qui doit prévaloir, et qui conditionne l'efficacité et la performance professionnelles, et non l'inverse. Dans ce contexte, le travail à distance pourra devenir pour ceux qui le souhaitent la composante majeure de leur vie professionnelle, et le travail en présentiel la mineure.

Pour que le modèle de l'*open-travail* soit – aussi – gagnant pour l'entreprise, il reste beaucoup à inventer au service de la cohésion des équipes de l'appartenance à l'entreprise ; il restera aussi à définir un nouveau cadre pour préserver les moments conviviaux et informels. Les conventions, *team building*, sessions de formation et autres rituels d'intégration qui s'étaient progressivement virtualisés vont retrouver leur fonction première de moments de sociabilisation. Les lieux de travail habituels vont aussi devoir se réinventer, entre flexibilité, convivialité et accessibilité. De nouveaux espaces de travail (plus petits, hyperconnectés et suréquipés) vont apparaître, à l'échelle d'un département ou d'une région. Ils permettront au salarié de se rendre sur un lieu dédié au travail mais à proximité de son domicile. La mise à disposition par les entreprises d'équipements digitaux performants et d'un support efficace sera un facteur clé de succès.

Enfin, sachant qu'un salarié sera désormais nettement plus mobile qu'auparavant, les territoires désireux d'être attractifs devront apporter la garantie de la disponibilité permanente d'un accès Internet haut débit et d'un cadre de vie de qualité (fiscalité locale, services publics, commerces, espaces verts...).

Ainsi, l'*open-travail*, cette nouvelle organisation qui obligera chacun à redéfinir de nouveaux équilibres entre vie professionnelle et vie personnelle, pose les fondations d'un nouveau rapport entre l'entreprise et ses salariés.

LE COVID-19 : STRESS TEST DE LA RAISON D'ÊTRE

par Cassandre Mariton-Segard[1] | **22 juin 2020**

Avant le tsunami Covid-19, la « raison d'être », qu'elle soit interprétée au sens du* mission statement *ou au sens plus large de la loi « Pacte », qui intègre les interactions avec l'écosystème des entreprises, était un sujet à la mode avec pléthore de prises de position de dirigeants et d'annonces d'entreprises. La violence de la crise sanitaire s'est imposée comme un révélateur, d'une part, de l'utilité d'une raison d'être définie et partagée pour la conduite des affaires, et, d'autre part, de la cohérence de la raison d'être avec la réalité. Un stress test utile pour placer la raison d'être à un niveau stratégique et non comme simple outil de communication.

Le Covid-19, par sa violence et son ampleur, est un révélateur de défauts mais aussi de qualités: l'alignement entre les paroles affichées des entreprises et leur capacité à agir face à l'urgence de la crise.

1. Co-écrit avec Dorothée Duron-Rivron, avocat de formation, accompagne depuis plus de quinze ans des dirigeants d'entreprise en stratégie de communication, avec une expertise particulière pour les situations complexes liées soit à un sous-jacent technique, soit à une transformation stratégique de l'entreprise.

La raison d'être a-t-elle joué son rôle de cap ?

Lorsqu'elle était clairement affichée et partagée au sein de l'entreprise, la raison d'être a servi de cap, de guide, voire d'accélérateur de performance dans le cadre de la crise. Quand chaque *business unit*, chaque salarié a une vision claire du rôle de l'entreprise et de son propre rôle pour contribuer à la réussite collective, le chemin s'éclaire. Les process de décision pour avancer et mettre en place les actions utiles sont raccourcis et laissent place à l'autonomie et à l'action. Quand la ligne est lisible, décliner stratégie et tactique se fait plus rapidement. Beaucoup des entreprises de l'agroalimentaire, des systèmes d'information et des services essentiels, qui se sont trouvées en première ligne, ont démontré leur agilité à s'organiser, tant leur raison d'être semblait évidente à chacun. À l'image de Barilla, dont la mission est de « *give people food you would give to your own children* » ou au sein de Suez dont le dirigeant a récemment indiqué : « Nos collaborateurs se sont pris en main, organisés eux-mêmes sur chaque site pour pouvoir continuer à fonctionner. » L'agilité de ces structures en temps de crise est une démonstration nette que la raison d'être est le cap qui permet de maintenir une action rapide (agile) et unifiée du collectif en tout temps.

La crise a-t-elle permis de passer de la parole aux actes ?

Les entreprises ayant affiché un engagement social et environnemental ont pu illustrer concrètement leur intégration dans leur écosystème et la qualité du leadership humain ainsi que des décisions de long terme guidées par une raison d'être partagée. La rapidité d'exécution et de mobilisation de ces entreprises, de leurs fournisseurs, distributeurs ou financeurs (en amont ou en aval), leur gestion respectueuse de l'ensemble des maillons de la chaîne (des collaborateurs et clients, en assurant leur sécurité physique et émotionnelle : communications régulières et transparentes, télétravail, maintien des salaires à taux plein, normes sanitaires ajustées, livraison sans-contact, etc., puis des fournisseurs : report d'échéances, paiement des factures, partage de propriété intellectuelle, etc.) démontrent la proximité et le partage de valeurs avec leurs parties prenantes et incidemment l'alignement avec leur engagement à long terme. Ainsi, Danone a mis en place un dispositif de soutien de 300 millions d'euros pour aider 15 000 entreprises qui « gravitent » autour du groupe (prestataires de services, distributeurs indépendants, mais également agriculteurs). Soutenir son écosystème, c'est se tourner vers le futur et être aligné avec sa mission, c'est assurer la durabilité de l'entreprise et de son action sur le long terme.

En revanche, les entreprises pour lesquelles les paroles et les actes ont fait apparaître un hiatus entre leur raison d'être (ou la mission) affichée et la réalité opérationnelle sont maintenant face à l'urgence de corriger le cap pour éviter de perdre la confiance et l'engagement de leurs collaborateurs, clients, partenaires et investisseurs au moment où un front uni sera clé pour faire face aux crises sociales et économiques qui s'annoncent. Pour Sanofi, l'*accès à la santé pour tous* s'est trouvé publiquement malmené.

S'il est peut-être encore trop tôt pour en tirer des leçons, pourquoi ne pas déjà voir la crise sanitaire que nous sommes en train de vivre comme un *wake up call*, un stress test, qui aura permis de recentrer les entreprises sur leur raison d'être pour garantir leur unité et faire face à l'incertitude d'un monde qui évolue toujours plus vite ?

LE TRAVAIL REPREND DU SENS

par Christine Kerdellant | **9 juillet 2020**

Cet article s'inscrit dans le cadre de la publication des résultats de l'enquête nationale réalisée par la chaire « Sens et Travail » de l'ICAM, en partenariat avec HEC Montréal et Synopia. Cette enquête a été menée entre le 26 mars et le 30 avril 2020, pendant la période de confinement. Elle a permis de donner la parole à1 685 dirigeants, cadres supérieurs et cadres des secteurs privé, public et associatif. Les résultats appellent à des transformations et à de véritables ruptures dans l'organisation du travail, le sens qui lui est donné et les pratiques de management.
***Cet édito a été publié le 9 juillet 2020 dans* L'Usine nouvelle.**

« Le manque est la lumière donnée à tous », a écrit le poète Christian Bobin. Si tout est dépeuplé quand un seul être vous manque, imaginez le désert quand tous vos collègues de travail ont disparu. Lamartine en aurait perdu ses mots. De fait, la première conclusion de l'étude exclusive menée pendant le confinement par la chaire « Sens et travail » de l'Institut catholique d'Arts et Métiers (ICAM), HEC Montréal et le *think tank* Synopia est sans équivoque : deux mois de confinement ont réveillé le besoin de solidarité et de relations sociales chez plus de 70 % des dirigeants et cadres – et même 83 % chez les moins de 30 ans !

Cette épreuve a modifié, dit un répondant sur deux, le sens qu'il donne à ses relations de travail. Au point que « les masques sont tombés », car davantage d'authenticité, de bienveillance et de confiance se sont manifestées. La lâcheté, l'égoïsme et l'insouciance apparaissent aussi plus nettement.

On a vu fleurir les cafés virtuels, les séances de coaching mutuel entre parents télétravailleurs au bord de la crise de nerfs et les mouvements de solidarité vers les solitaires en souffrance.

Plus de profondeur, moins de filtres: le télétravail a paradoxalement induit davantage d'humanité dans la relation, et chacun souhaite aujourd'hui en conserver le goût. La volonté de rupture ou, au moins, de transformation dans l'organisation du travail et les pratiques de management ressort de manière tout aussi nette.

Quelque 51 % des dirigeants et des cadres sont prêts à proposer des modifications dans leur manière de travailler collectivement. Le travail à distance plus régulier – mais jamais cinq jours sur cinq – est plébiscité.

L'expérience de nouvelles pratiques de management est perçue très positivement par les encadrants, plus inégalement par les encadrés. Certains ont souffert d'une absence de suivi ou d'une répartition des tâches trop approximative.

D'autres ont apprécié la plus grande autonomie qui leur était laissée, même si des remarques du genre « Vous êtes les mieux placés pour décider ce qu'il y a à faire, mais n'oubliez pas de faire tout le reste comme d'habitude » les ont choqués.

Si les « points réguliers » ou les « suivis périodiques » ont été bien acceptés, le micromanagement et la surveillance des horaires de travail se sont révélés catastrophiques. Autre expérience communément vécue: la « bonne » et la « mauvaise » fatigue, cette dernière provenant de l'excès de visioconférences et d'appels téléphoniques, exténuants quand ils imposent une attention permanente.

Après cette « expérience de laboratoire » réalisée grandeur nature, le moment n'est-il pas venu de passer au « management du travail » et de redéfinir le métier de manageur alors que la période actuelle consacre plutôt le rôle du métier de leader ? », interrogent Laurent Falque, titulaire de la chaire « Sens et travail » de l'ICAM, Estelle Morin, professeure en psychologie du travail à HEC Montréal, et Alexandre Malafaye, président de Synopia.

Ce retour à la source du métier de « manageur » accompagnerait l'avènement du télétravail choisi (choix du lieu, du nombre de jours...) que Christophe Harrigan, membre de Synopia et directeur général de la Mutuelle générale, a joliment baptisé l'*open-travail*.

POURQUOI TRAVAILLONS-NOUS AUJOURD'HUI?

par Laurent Falque et Estelle Morin | **10 juillet 2020**

Dans le cadre des activités de recherche en management, la chaire «Sens et travail» de l'ICAM étudie depuis 2016 le sens que les dirigeants donnent à leur travail. C'est un sujet peu exploré car il est difficile de savoir ce que les personnes pensent vraiment de leur travail.

La période de confinement et déconfinement va-t-elle changer notre vision du travail? Allons-nous répondre autrement à la question: pour-quoi travaillons-nous? Cet article a pour but de partager la vision du monde d'avant. À nous de voir dans les prochains mois si celui-ci est définitivement mort.

Quelles sont les bonnes raisons qui nous poussent à nous lever le matin pour aller travailler (le pourquoi)? La question peut être reformulée autrement: pour-quoi sommes-nous tirés du lit et pour-quoi allons-nous travailler? Dans un cas, il faut bien s'arracher de son sommeil et de son confort; dans l'autre, se laisser emporter par cette envie qui donne de l'énergie, ce travail qui nous attire comme un aimant. Bien évidemment, ce n'est pas aussi caricatural. «Pourquoi je vais travailler?» est une alchimie entre des raisons et des envies.

Il est intéressant de revenir sur une enquête réalisée en novembre 2019. Les résultats proviennent d'abord d'une recherche qualitative auprès de dirigeants «hors du commun», parce que la presse, les médias et les réseaux sociaux les désignent comme des «bâtisseurs de sens». Ils proviennent ensuite d'une démarche quantitative auprès d'un échantillon représentatif de personnes qui travaillent dans les entreprises privées de plus de 50 salariés, du chef d'entreprise à l'opérateur.

Cette première enquête nationale, menée avec Estelle Morin, professeur en psychologie du travail à HEC Montréal et avec l'institut de sondage BVA, se fonde sur 1487 répondants: 1051 collaborateurs de tous niveaux et 436 dirigeants ou managers. Cette enquête a un effet miroir avec la période que nous avons vécue pendant le confinement et que nous vivons en déconfinement.

Mais pourquoi travaillent-ils ?

Dans les recherches internationales, il est fréquent de mesurer l'orientation que les personnes donnent à leur travail. Faites-vous partie de celles qui ont tendance à penser que leur travail est un moyen de gagner sa vie, que vous n'avez pas vraiment d'autres attentes que celle d'obtenir un salaire et des avantages sociaux en échange de votre temps et de l'effort que vous mettez au travail ? Alors, votre travail est orienté emploi.

Mais le travail est peut-être pour vous une carrière. Il vous permet d'atteindre des objectifs professionnels et pour cela vous investissez beaucoup d'énergie afin d'obtenir l'avancement qui vous convient, quitte à changer d'entreprise. Les primes et autres marqueurs de réussite vous stimulent car ils attisent votre goût pour l'accomplissement et le dépassement professionnel.

Et puis, pour d'autres, le travail est une vocation. Vous avez tendance à le concevoir comme une activité qui contribue à la communauté, à la société. Vous vous concentrez sur la valeur dite intrinsèque de votre travail.

Si les chefs d'entreprise et les cadres supérieurs mettent en premier le travail comme un emploi, aux alentours de 80 % d'entre eux, et d'une carrière pour 70 % ; seuls les chefs d'entreprise pensent majoritairement à 64 % que le travail est une vocation. Les cadres intermédiaires voient aussi le travail comme un emploi et une carrière, mais pour seulement 50 % des répondants. On constate donc près de 30 points d'écart.

Le travail : une activité qui aide à structurer l'existence

Quant aux non-encadrants, majoritairement des employés et ouvriers, c'est la grande surprise. Le plus grand nombre disent que leur travail n'est pas vraiment un emploi, ni une carrière, ni une vocation. Mais donc quel est-il ? L'hypothèse que nous avions avant le confinement, celle que le travail sert tout simplement à structurer l'existence, a été largement confirmée par ces deux mois de confinement, et donc d'inactivité pour une partie des gens. Nous fondons cette proposition sur une autre question de notre enquête : celle de la valeur accordée au travail dans l'existence, comparée à d'autres domaines d'activité, notamment les loisirs et la famille.

Si la famille et les loisirs sont des valeurs qui passent avant le travail pour les non-encadrants, faut-il pour autant se désespérer lorsque l'on est cadre supérieur et que l'on accorde presque autant d'importance au travail qu'à la famille ? Comment peut-on se mettre au travail si les valeurs ne sont pas les mêmes ? En fait, c'est très clair, nous pouvons vraiment compter sur la volonté de bien faire son travail à tous les niveaux de l'entreprise.

Le sens du travail est dans le métier !

Mais cette enquête dévoile une information importante de nature à remettre le travail au centre des préoccupations, alors que depuis vingt ans le management se focalise de façon excessive sur le développement personnel, le bonheur au travail et toutes formes de feedback qui viseraient à faire parler les uns et les autres de leurs ressentis au travail, alors qu'ils n'en demandent pas tant.

Parmi 16 motifs pour lesquels les personnes sont prêtes à faire un effort dans leur travail, la qualité de vie au travail arrive en premier, puis la satisfaction de la clientèle et la qualité des produits et services. Le développement personnel et professionnel arrive ensuite.

Mais plus intéressantes encore sont les corrélations entre ces motifs d'investissements au travail et les bénéfices qu'ils procurent. Et de prendre conscience que, dans l'ordre, c'est la satisfaction de la clientèle et la qualité des produits et services qui ont le plus d'effets sur le bien-être psychologique, et sur deux motivations fortes : l'engagement au travail et le sens du travail. La qualité de vie au travail arrivant en troisième position.

Il y a donc largement la possibilité de faire confiance à tous les niveaux de la hiérarchie et en particulier chez les non-encadrants, car l'utilité du travail concrète et reconnue est celle qui a le plus d'effets positifs.

Cadres supérieurs, ils comptent sur vous !

Sur l'ensemble des questions, et en particulier lorsque l'on mesure les effets du travail en termes de bienfaits et de méfaits qu'il produit, ce sont les cadres supérieurs qui s'en sortent le mieux.

Et puisque les écarts de perception sur les pratiques de management sont finalement beaucoup moins importants entre les cadres supérieurs et les chefs d'entreprise qui fonctionnent bien ensemble, qu'entre le reste des collaborateurs, les cadres supérieurs ne sont-ils pas attendus sur autre chose que sur la mission de l'entreprise, sa raison d'être ou les explications sur la stratégie ? En effet, les écarts les plus importants en matière de management entre les cadres supérieurs et cadres intermédiaires, puis entre ces derniers avec les non-encadrants, sont :

- 1) le manque de direction claire et utile ;
- 2) le soutien à la résolution de problème ;
- 3) la vigilance à la santé et à la sécurité.

Ce sont les trois leviers sur lesquels sont attendus les managers.

Finalement l'une des conclusions de cette enquête sur le sens du travail et les pratiques de management invite à revenir à l'expérience du travail, en créant des espaces de discussion sur le terrain afin de procéder à des arbitrages entre la satisfaction de la clientèle, la qualité des produits et services, et la qualité de vie au travail. Il est temps de promouvoir le management par le travail !

QUEL NOUVEAU MONDE DU TRAVAIL VOULONS-NOUS VRAIMENT ?

par Beatriz Cobo de Leon, Damien Gallet, Romain Labiaule, Laura Schaub et Joséphine Staron | **15 juillet 2020**

La plume de ce dernier article est tenue par les Jeunes de Synopia qui livrent leur vision de l'entreprise de demain, celle dans laquelle ils souhaitent travailler et dont ils aspirent à être les cobâtisseurs. Une grande bouffée d'espoir !

« C'était mieux avant. » Vraiment ? N'en soyons pas si certains. Les progrès de la médecine et des sciences, l'arrivée des nouvelles technologies, les libertés individuelles qui viennent remplacer les vieilles libertés collectives, les loisirs, les vacances – bref, toutes ces choses qui font que le monde d'aujourd'hui est, quoi qu'on en dise, mieux ou plus agréable que celui d'avant. Du moins ici, en Europe. Bien sûr, nous pouvons critiquer la perte de certaines valeurs et traditions qui aidaient à la cohésion des communautés et des groupes sociaux. Nous pouvons déplorer la montée de l'individualisme qui, souvent, fait perdre de vue l'intérêt général au profit d'intérêts particuliers ou privés. Nous pouvons également craindre les dérives des progrès scientifiques et technologiques (eugénisme, surveillance, robotisation de la société, etc.). Certes.

Mais bien plutôt que le célèbre « C'était mieux avant », tentons d'adopter une nouvelle formule plus optimiste : « Ce sera encore mieux demain. » Car le passé nous permet d'appréhender l'avenir d'une certaine manière, en essayant de ne pas reproduire les mêmes erreurs, et en conservant ce que nous valorisons, ce que nous estimons utile, nécessaire, souhaitable pour notre avenir.

La crise sanitaire qui a frappé le monde entier en 2020 doit être perçue comme l'opportunité de penser, de façonner le fameux « monde d'après », celui que certains espèrent quand d'autres le craignent.

Portrait-robot de l'entreprise de demain

Permettons un instant à notre esprit et notre imagination de brosser le portrait de l'entreprise de demain. Il ne s'agit pas de dépeindre l'entreprise idéale, mais son évolution, non seulement souhaitable, mais aussi possible.

Tout d'abord, dans le monde du travail de demain, certaines questions, certains sujets ne seront plus discutés et constitueront des évidences, des acquis qui nous feront presque oublier qu'à une époque (la nôtre) ils étaient encore sujets à débat.

- **L'équité et le mérite.** Ces deux valeurs seront au cœur des organisations professionnelles de demain.
- **La diversité des profils.** Les entreprises et les administrations valoriseront la diversité des études, des origines, des expériences de vie.
- **L'organisation flexible du travail.** Les salariés auront davantage de liberté pour organiser leur temps et leurs modes de travail, en cohérence avec l'organisation générale et la mission de l'entreprise (ainsi le télétravail lorsque cela est possible, le travail par objectifs et non par heures, etc.). Cette flexibilité du travail permettra aux employés d'avoir un meilleur équilibre personnel et professionnel, en particulier dans les situations où les circonstances familiales les empêchent de respecter les horaires de présence physique.
- **Le bien-être au travail.** La qualité et le sens du travail constitueront des objectifs aussi importants pour l'entreprise que la création de profit, et figureront dans la raison d'être et la mission de l'entreprise. Le *burn-out* et le *bore-out*, moins nombreux de ce fait, seront reconnus comme des maladies.
- **Un management pertinent,** laissant une large place à la co-construction des décisions.
- **La responsabilité sociale et environnementale.** Toute entreprise aura conscience de son impact social et environnemental tant en France que dans le monde, et s'engagera à ce qu'il soit positif. En outre, la stratégie de l'entreprise prendra systématiquement en compte ces critères qui devront être mesurés pour apprécier les impacts sur la société.
- **Le partage de la valeur.** Les entreprises s'attacheront à partager, avec leurs parties prenantes, équitablement et de manière responsable, la valeur matérielle et immatérielle qu'elles produisent. Ces actions devront être mesurées pour apprécier la transformation de l'entreprise dans ce sens.

Pour résumer, l'entreprise de demain sera davantage responsable et engagée dans l'amélioration de la qualité de vie de ses salariés, de son environnement social et environnemental avec ses parties prenantes.

Soyons vigilants

Ce portrait-robot de l'entreprise constitue selon nous un idéal vers lequel tendre.

Toutefois, il convient de rester vigilant, puisque les deux mois de confinement et la crise sanitaire ont poussé les entreprises à chercher de nouveaux modes d'organisation dans l'urgence, peut-être dans la précipitation. Le télétravail en est un exemple concret.

La généralisation du télétravail observé depuis mars dernier n'était pas réellement inscrite dans une stratégie globale de transformation de l'entreprise, mais a répondu avant tout à un besoin précis : celui d'assurer la continuité des activités en période de crise tout en garantissant la distanciation physique. Or, une fois le confinement passé, nous nous sommes rendu compte que le télétravail offrait de nouvelles opportunités, à la fois individuellement pour les salariés et collectivement pour les entreprises et les territoires dans lesquelles elles sont implantées. Il permet :

- d'assurer la continuité du travail pour les métiers du tertiaire en cas de crise ou d'impossibilité de travailler dans les conditions ordinaires ;
- d'offrir aux entreprises une nouvelle manière d'exploiter les flux d'informations qui pourront être stockés pour constituer le plus grand actif de l'entreprise ;
- d'assurer une plus grande souplesse aux salariés et aux dirigeants dans la gestion de leur temps de travail ;
- de réduire les coûts de fonctionnement des entreprises en optimisant le nombre de mètres carrés de bureaux ;
- de désengorger les transports en commun et les voies de circulation aux heures de pointe ;
- de dépolariser les grands centres de décision aujourd'hui concentrés dans les métropoles ;
- de rendre le marché du travail plus efficient en ne restreignant pas l'emploi à des critères géographiques.

Pourtant, le télétravail ne doit pas nous faire oublier, comme nous l'évoquions plus haut, que le travail d'« hier », sans télétravail, était le fruit d'une lente évolution et de multiples améliorations, matérialisées par des réalités sociales fondamentales. Il convient donc, si nous souhaitons généraliser ce mode d'organisation, de ne pas dégrader des acquis qui nous semblaient évidents :

- La pratique du télétravail ne doit pas faire oublier **l'importance du lieu de travail comme espace de sociabilisation**. En effet, la création de liens humains amicaux et affectifs, mais aussi d'opportunités professionnelles, passe par la fréquentation de lieux hors du cadre personnel et familial : le lieu professionnel constitue, pour cela, un endroit privilégié. Le milieu professionnel doit se comprendre autrement que par les seuls critères de productivité et de rentabilité. Il est une institution sociale fondamentale, un facteur de lien et de cohésion qu'il est indispensable de conserver.

- Elle doit également **considérer le devenir de l'ancrage local des entreprises**, puisque, avec le télétravail, certains types d'emplois ne nécessiteront plus de présence physique et que les entreprises ne se limiteront plus à rechercher des talents à l'intérieur d'une zone géographique particulière.
- La pratique du télétravail, puisqu'elle remplace la proximité physique par des liens informationnels, doit s'accompagner d'une réflexion autour de la sécurisation des flux d'informations de l'entreprise qui seront de plus en plus soumis au risque de cyberattaques.
- Le télétravail présente un risque évident : **la perte de différenciation entre le temps de loisir et le temps de travail, entre la vie professionnelle et la vie personnelle.** Dans de nombreux foyers, il n'y a pas de différence en termes d'espace ou d'équipement. L'entreprise devra donc s'assurer que les employés disposent du bon équipement pour accomplir leur travail. En outre, les employeurs devront être conscients des problèmes, et veiller à ce que leurs travailleurs respectent les horaires, y compris les pauses établies dans les accords d'entreprises.
- Autre point de vigilance : la pratique du télétravail risque de **conduire l'entreprise à un fonctionnement à deux vitesses et à une perte de cohésion d'équipe**, entre ceux qui peuvent télétravailler et ceux qui, de par le poste ou la fonction qu'ils occupent, sont contraints de travailler en présentiel.

Comment, alors, saisir les opportunités qu'offre le télétravail, sans pour autant tomber dans ses travers ? Il faudra certainement procéder par étapes, en s'appuyant dans chaque entreprise sur des expériences pilotes pour construire non pas un modèle d'organisation unique, mais un modèle négocié adapté à chaque maille pertinente de l'entreprise et de ses métiers.

Dans ce nouveau modèle, le rôle des ressources humaines et la communication interne de l'entreprise deviendront encore plus importantes : elle devra veiller à fournir un même niveau d'information aux personnes travaillant en distanciel et en présentiel. Par ailleurs, il faudra, dans bien des cas, réinventer le suivi des performances pour les personnes travaillant à distance en se concentrant sur la réalisation des objectifs.

Nul doute que le rôle du management sera prépondérant, avec le défi de favoriser le changement, la prise de risque, mais aussi la prise de recul lorsque certaines expériences ne seront pas remplies de succès à la première tentative.

Enfin, comme nous l'avons mentionné, l'un des grands défis est de régler le problème de l'isolement, celui du manque de socialisation sur le lieu de travail. Partager les objectifs de l'entreprise et créer une culture d'équipe sera plus compliqué si une grande partie de l'équipe télétravaille. Pour favoriser une culture d'entreprise, les employeurs devront inventer de nouveaux modes de cohésion, à travers des activités en face-à-face, des dîners d'équipe ou des séminaires d'entreprise ou de formation pour cultiver les relations interpersonnelles.

Pendant la crise, ni les salariés ni les entreprises n'ont choisi de télétravailler plus, cela leur a été imposé. Maintenant que le confinement est, pour le moment, derrière nous, l'employeur peut et doit se poser les bonnes questions à la fois quant aux profils capables de travailler à distance, et surtout quant au bon dosage entre distanciel et présentiel, en période non plus exceptionnelle, mais habituelle, de fonctionnement.

SYNOPIA
LA REVUE
DU « NOUVEAU MONDE » AU « MONDE D'APRÈS » ?
Quelle place pour l'homme ? Comment (mieux) gouverner ?
NUMÉRO 1 - AUTOMNE 2020
éditions TÉLÉMAQUE

92, avenue de France, 75013 Paris
ISBN : 978-2-7533-0400-0

Cet ouvrage a été mis en pages
par IGS-CP à L'Isle-d'Espagnac

Achevé d'imprimer en décembre 2020
par Standart Impressa

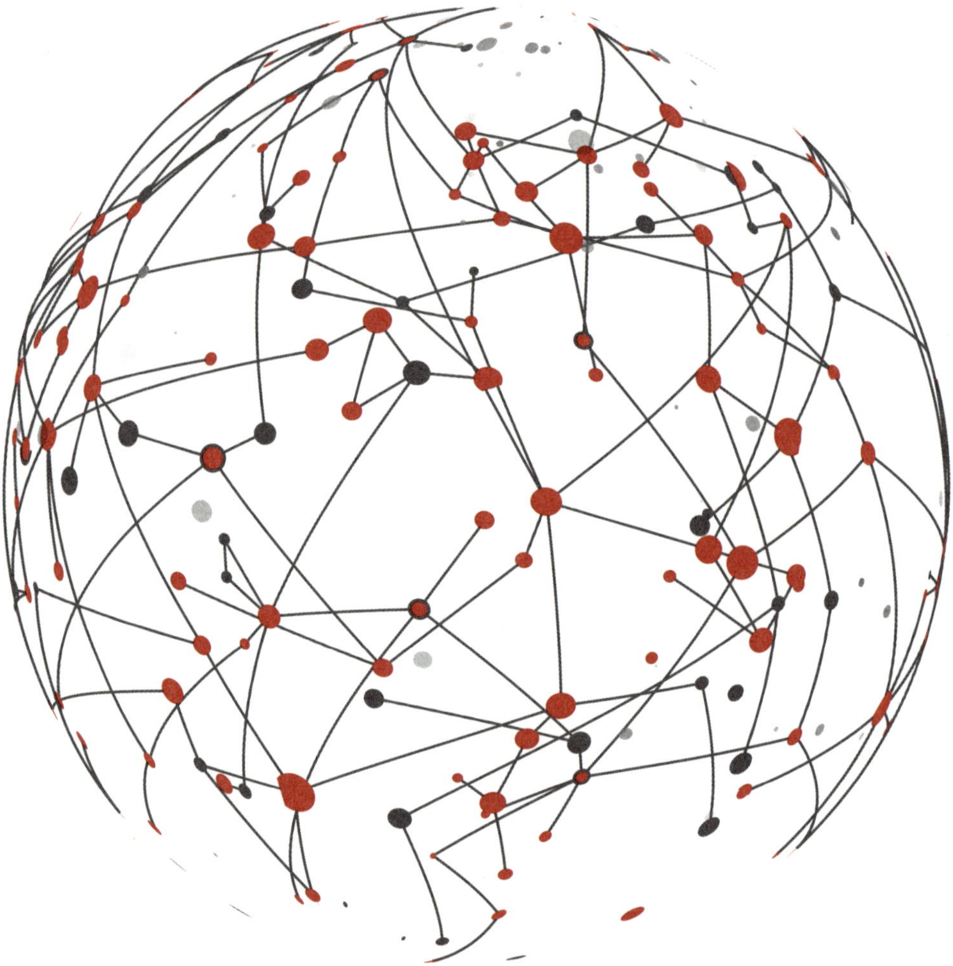